임원경제지
권16-17

관휴지 灌畦志 2

林園經濟志

임원경제지
권16-17

관휴지 灌畦志 2

채소 · 약초 백과사전

권3 · 풀열매류[蓏類, 라류]

권4 · 약초류[藥類]

풍석 서유구 지음 추담 서우보 교정
임원경제연구소 이규필, 정명현, 최시남 옮김 도올 김용옥 서문

풍석문화재단

이 책은 ㈜DYB교육 송오현 대표와 ㈜우리문화 백경기 대표 외 수많은 개인의 기부 및 문화체육관광부의 지원으로 완역 출판되었습니다.

임원경제지 관휴지2

지은이 풍석 서유구
교 정 추담 서우보
옮기고 쓴 이 **임원경제연구소** [이규필, 정명현, 최시남]
교감·교열 : 김용미, 민철기, 김광명, 김현진
서문 : 도올 김용옥
펴낸 곳 **풍석문화재단**
펴낸 이 : 신정수
진행 : 박시현, 박소해
전화 : 02)6959-9921 E-mail : pungseok@naver.com
일러스트 임원경제연구소
편집디자인 아트퍼블리케이션 디자인 고흐
인 쇄 상지사피앤비
펴낸 날 초판 1쇄 2022년 11월 7일
ISBN 979-11-89801-59-5

* 표지그림 : 김홍도의 풍속도(국립중앙박물관 소장)
* 사진 사용을 허락해 주신 국립원예특작과학원, 국립중앙박물관, 서울대 규장각한국학연구원, 고려대학교 도서관 한적실, 국사편찬위원회, 창원역사민속관, 국립민속박물관, 국립생태원, 김재광 선생님, 전통농업연구소 안철환 대표님, 사진작가 전영창 선생님, 윤진상회 정성섭·김복남 대표님, 제주 남원농업협동조합 김석주 작가님, 파주 농업기술센터 김은환 선생님, 김포파주인삼농협 이형만 이사님, 부여 친환경유기재배 농민 정천귀 선생님, 고등학생 정성지 님 여러분께 감사드립니다.

차례

일러두기

- 이 책은 풍석 서유구의 《임원경제지》를 표점, 교감, 번역, 주석, 도해한 것이다.
- 저본은 정사(正寫) 상태, 내용의 완성도, 전질의 구성 등을 고려하여 고려대학교 도서관 소장본으로 했다.
- 현재 남아 있는 이본 가운데 오사카 나카노시마부립도서관본, 서울대학교 규장각한국학연구원본, 국립중앙도서관본을 교감하고, 교감 사항은 각주로 처리했으며, 각각 오사카본, 규장각본, 국중본으로 약칭했다.
- 교감은 본교(本校) 및 대교(對校)와 타교(他校)를 중심으로 하고, 필요에 따라서는 이교(理校)를 반영했으며 교감 사항은 각주로 밝혔다.
- 번역주석의 번호는 일반 숫자(9)로, 교감주석의 번호는 네모 숫자(9)로 구별했다.
- 원문에 네모 칸이 쳐진 注와 서유구의 의견을 나타내는 案, 又案 등은 원문의 표기와 유사하게 네모를 둘러 표기했다.
- 원문의 주석은【 】로 표기했고, 주석 안의 주석은【 】로 표기했다.
- 서명과 편명은 원문에는 모두《 》로 표시했고, 번역문에는 각각《 》및〈 〉로 표시했다.
- 표표점 부호는 마침표(.), 쉼표(,), 물음표(?), 느낌표(!), 쌍점(:), 쌍반점(;), 인용부호(" ", ' '), 가운데점(·), 모점(､), 괄호(( )), 서명 부호(《 》)를 사용했고 인명, 지명 등 고유명사에는 밑줄을 그었다.
- 字, 號, 諡號 등으로 표기된 인명은 성명으로 바꿔서 옮겼다.

3

관휴지 권제 3
灌畦志卷第三

임원십육지 16
林園十六志十六

1. 풀열매류[蓏類, 라류]

무릇 오이류의 종류가 매우 다양하지만, 그 가운 데 동아만 싱싱함이 오래 간다. 동아는 서리를 맞아야 익어서 저장할 수 있다. 한 해가 다 되어도 상하지 않는다. 오늘날 사람들은 또 동아로 밀전(密煎)을 만들고, 그 씨앗으로는 다과(茶果, 차와 과자)를 만들기도 하니, 채소와 과자의 용도를 겸하는 것이다.《왕정농서》

- I -

풀열매류[蓏類, 라류][1]

蓏類

1 풀열매류[蓏類, 라류]: 이 편의 오이, 동아, 호박, 쥐참외, 박, 가지, 토란은 《임원경제지 정조지》 권1 〈음식재료 요점정리〉 "채소류"(풍석 서유구 지음, 임원경제연구소 옮김, 《임원경제지 정조지》 1, 2020, 풍석문화재단, 211~225쪽 참고. 《정조지》에서는 주로 해당 채소의 성질, 음식으로 먹었을 때의 효능, 주의사항 등을 다루었다.

1. 오이[黃瓜, 황과][2]

黃瓜

1) 이름과 품종

名品

일명 호과(胡瓜), 월과(越瓜)이다.[3]

一名"胡瓜", 一名"越瓜".

【왕정농서(王禎農書)[4] 호과는 색이 황색으로, 이놈이 바로 황과(黃瓜)이다. 또 청오이와 백오이가 있다. 또 월과는 색이 백색으로, 이놈이 바로 백과(白瓜, 백오이)[5]이다. 모두 오이류 채소이다.

【王氏農書 胡瓜, 色黃, 卽黃瓜也. 亦有靑、白者. 又越瓜, 色白, 卽白瓜. 皆菜瓜也.

본초강목[6] 장건(張騫)[7]이 서역(西域)[8]에 사신으로 갔을 때 종자를 얻어왔기 때문에 '호과(胡瓜)'라 이름 붙

本草綱目 張騫使西域得種, 故名"胡瓜". 隋 大業

---

2 오이[黃瓜, 황과]: 쌍떡잎식물 합판화군 박목 박과의 한해살이 덩굴식물. 풍석 서유구 지음, 임원경제연구소 옮김, 《임원경제지 정조지》 1, 222~223쪽과 함께 참조 바람.

3 일명……월과(越瓜)이다: 《本草綱目》 卷28 〈蓏部〉 "胡瓜", 1701쪽에 보인다. 여기에 소개된 채소류 각각의 이칭은 대체로 《본초강목》이나 《군방보》에 그대로 보인다. 다만 오이[黃瓜]는 《본초강목》과 《군방보》에 월과(越瓜)와는 별도의 종으로 소개되어 있다. 같은 오이류지만 약간 다른 종인 듯하다. 물론 동아와도 구별되는 종이다.

4 《王禎農書》 〈百穀譜〉 3 "蓏屬" '甜瓜', 95쪽.

5 백과(白瓜, 백오이): 아래 '2. 동아[冬瓜]'에는 백과가 동아의 이칭이라 했다.

6 《本草綱目》 卷28 〈蓏部〉 "胡瓜", 1701쪽.

7 장건(張騫): 약 B.C. 164~B.C. 114. 중국 한(漢)나라 외교관. 무제 때 월지[月氏]에 사신으로 파견되어 가는 중에 흉노에게 10년간 억류되었다. 겨우 도망쳐 대완(大宛)국의 도움으로 월지에 도착했으나 월지국은 함께 협력하여 흉노족을 물리치자는 한나라의 제안을 받아들이지 않았다. 장건은 애초의 목적을 이루지 못하고 돌아왔지만 이때 들렸던 나라들의 풍속과 산물 등에 대한 서역의 사정을 견문할 수 있었고 서역의 종자들을 가지고 들어왔다.

8 서역(西域): 좁은 의미로는 중앙아시아의 타림분지 주변의 국가들을 가리키고, 넓은 의미로는 페르시아와 아라비아까지를 포함하는 지역을 가리킨다. 중국은 옛날부터 자국이 아닌 북방이나 서역 나라의 민족에 대해 오랑캐라는 의미의 호(胡)라는 명칭을 붙여 썼다. 따라서 호도(胡桃)·호초(胡椒) 등 외래 작물의 이름에도 이 글자가 붙은 경우가 많다.

오이(호과)

월과(이상 《본초강목》)

였다. 수(隋)나라 양제(煬帝)[9] 대업(大業) 연간(605~618)에 피휘(避諱)하여 '황과(黃瓜)'로 고쳤다.[10]

中, 避諱改"黃瓜".

증보산림경제 [11] 크고 매끄러운 오이는 민간에서 '척과(尺瓜, 1척이나 되는 과)'라 한다. 이는 바로 월과(越瓜)이다. 작고 일찍 열리는 오이는 '적전과(籍田瓜)'라 한다[12]】

增補山林經濟 大而滑澤者, 俗稱"尺瓜", 卽越瓜也. 小而早結者, 稱"籍田瓜"】

---

9 양제(煬帝):569~618. 중국 수(隋)나라 제 2대 황제인 양광(楊廣). 만리장성을 수축했고, 남북을 연결하는 대운하를 완성하였으며, 서원(西苑)을 조성하고 이궁(離宮)을 건설하는 등 백성에게 과중한 부담을 주었다. 신하 우문화급(宇文化及)에게 살해되었다.

10 수(隋)나라……고쳤다:수나라 양제가 남북조 시대 후조(後趙)의 왕 석륵(石勒, 274~303)이 중국의 북방 민족인 호갈[胡羯, 갈족(羯族)] 사람이므로 이와 음의가 같은 '호과'를 발음하는 게 외람되다 여겨 '호'와 다른 음절인 '황'으로 고쳐 '황과'라 부르게 한 것이다. 석륵의 이름이 호(胡)이므로 '호과'를 '황과'로 고쳤다는 설도 있으나 이는 잘못이다. 박필상·강옥화·이고훈·박신영·성만준·권동렬, 《避諱에 관한 연구》, 대한한의학 방제학회지, 2007, 131쪽 참조.

11 《增補山林經濟》 卷6 〈治圃〉 "黃苽"(《農書》 3, 403쪽).

12 크고……한다:이 부분과 관련하여 《증보산림경제》에는 "몽치만 하게 작은 오이는 일찍 달린다. 이 오이를 민간에서는 '적전과'라 한다. 또 모양이 길고 크며 껍질에 광택이 나는 오이를 민간에서는 '척과'라 한다. 김장김치를 담글 수 있다(有小如核榧者早結, 俗稱 '籍田瓜'. 又有形長大而皮光滑者, 俗稱 '尺苽'. 可沈冬菹)."라 했다. 《증보산림경제》, 위와 같은 곳.

과류(오이류, 《삼재도회》) 호과 월과(이상 《식물명실도고》)

2) 알맞은 토양

土宜

흙은 새흙을 쓰고 바람을 맞는 곳에 심으면 열매를 많이 맺는다. 《증보산림경제》[13]

土新, 受風處, 饒子. 《增補山林經濟》

3) 심는 시기

時候

오이[黃瓜]는 4월에 심는다【주 나무지지대를 세워 덩굴이 지지대에 의지하여 올라갈 수 있게 해 주어야 한다】. 《제민요술(齊民要術)[14]》[15]

黃瓜, 四月中種之【注 宜竪柴木, 令引蔓緣之】. 《齊民要術》

오이는 서리를 두려워한다. 3월이 되어 서리가 더

瓜畏霜, 三月無霜時[1], 始

13 《增補山林經濟》卷6 〈治圃〉"黃苽"(《農書》3, 402쪽).

14 제민요술(齊民要術) : 6세기 중국 북위(北魏, 386~534) 관리 가사협(賈思勰, ?~?)이 지은 농업 백과전서. 수수·밀·옥수수·목화·목초(牧草) 등의 경작 면적이 넓은 농작물과 야채, 과수의 재배, 목축과 수의(獸醫) 및 농산품 가공 등 농업 기술 전반에 대해 씌어 있으며, 아울러 국외에서 도입된 재배식물에 대해서도 덧붙여 설명하고 있다. 가장 오래된 전문 농업서적이다. 이 책의 내용이 《임원경제지》에 많이 인용되었다.

15 《齊民要術》卷2 〈種瓜〉第14(《齊民要術校釋》, 163쪽).

[1] 時 : 《增補山林經濟·治圃·黃苽》에는 "氣".

이상 내리지 않을 때라야 비로소 심을 수 있다. 《증보산림경제》[16]

可種之. 《增補山林經濟》

오이 모종(김재광)

어린 오이(전영창)

조선오이1

조선오이2(이상 김재광)

16 《增補山林經濟》 卷6 〈治圃〉 "黃苽"(《農書》 3, 402쪽).

4) 심기와 가꾸기

種藝

오이 심기는 참외 심는 법과 같다. 오이는 나무작대기를 세워 덩굴을 끌어 올려 놓으면 덩굴이 뻗으며 작대기에 의지하여 올라가면서 자란다. 백과(白瓜)는 땅으로만 덩굴을 뻗으면서 열매를 맺는다. 《왕정농서》[17]

種同甜瓜法. 黃瓜則以樹枝引蔓, 延緣而生. 白瓜則就地延蔓生子而已. 《王氏農書》

심는 법: 1두(斗)들이로 구덩이를 파고 여기에 잘 삭은 거름 몇 승을 넣은 다음, 고운 흙을 0.1척 정도로 얇게 덮어 준다. 오이씨 10여 알을 구덩이 사방에 심은 다음 또 고운 흙으로 덮는다.

種法: 掘坑如斗大, 納熟糞數升, 薄覆細土寸許. 種瓜子十餘粒於四旁, 又以細土覆之.

싹이 조금 높이 솟아나오면 그 곁에 나뭇가지를 꽂아 표시한다. 덩굴이 1척 정도 뻗어 나오면 뿌리 밑에 거름을 준다. 그러면 아주 무성해진다. 《증보산림경제》[18]

稍高突, 揷木標記之. 待拖蔓尺許, 加糞根下, 旺茂. 《增補山林經濟》

시렁을 만든다. 그리고 짚을 꼬아 짠 가느다란 망을 시렁 위에 펼쳐 놓고 오이 덩굴을 끌어다 그 위로 뻗어 올라가게 한다. 이렇게 하면 열매가 열려 주렁주렁 매달린 채 아래로 늘어진 모습이 참 볼 만하다. 《증보산림경제》[19]

作架, 布稿索細綱于架上, 引瓜蔓上之, 則結子纍纍下垂[2]可觀.[3] 同上

17 《王禎農書》〈百穀譜〉 3 "蓏屬" '甜瓜', 95쪽.

18 《增補山林經濟》 卷6 〈治圃〉 "黃苽"(《農書》 3, 402쪽).

19 《增補山林經濟》 卷6 〈治圃〉 "黃苽"(《農書》 3, 403쪽).

[2] 纍纍下垂: 《增補山林經濟·治圃·黃苽》에는 "垂下離離".

[3] 作架……下垂可觀: 오사카본에는 이 내용이 아래 "거름주기" 조항의 "凡瓜蔓……生新根而轉盛《增補山林經濟》"의 아래에 보인다. 그리고 두주에 "'作架'부터 '可觀'까지는 '심기와 가꾸기' 조항의 《증보산림경제》 아래로 옮겨 적어야 한다(作架止可觀, 移書于種藝條《增補經濟》之下》)."라고 적혀 있다.

한 길[仞][20] 정도 깊이로 땅을 파고 바닥에 항아리를 묻는다. 항아리 속에 물을 채운 다음, 대나무발로 항아리를 덮는다. 다시 거름흙으로 대나무발 위를 단단히 메우되, 두께는 2척 남짓이 되도록 한다.

掘地仞許, 埋甕于底. 盛水甕中, 以簾覆之. 復以糞土填實于簾上, 令厚可二尺餘.

이렇게 한 다음 오이를 그 위에 심으면 뿌리가 항아리 속으로 파고 들어가 자라는 내내 물기를 머금어 촉촉하다. 이렇게 키운 오이는 덩굴이 팔뚝처럼 두껍고, 크기가 동아만 하다. 2~3포기만 심어도 한 집안이 1년 먹을 오이를 공급할 수 있다. 《행포지》[21]

種胡瓜其上, 則其根透入甕中, 長含水潤. 藤如臂, 瓜大如冬瓜. 只種二三科, 可供一家一年之食. 《杏蒲志》

20 길[仞]: 길이의 단위로 보통 8척을 의미한다. 4척·5척·6척·7척으로 보는 견해도 있다.

21 《杏蒲志》 卷3 〈種蔬果〉 "種黃果"(《農書》 36, 162쪽).

5) 물주기와 거름주기

澆壅

오이는 가뭄을 두려워하므로, 항상 물을 주어야 한다. 《왕정농서》[22]

畏旱, 宜常灌漑之. 《王氏農書》

일반적으로 오이덩굴은 흙으로 그 마디부분을 북주면 새로운 뿌리가 나서 더욱 무성해진다. 《증보산림경제》[23]

凡瓜蔓, 以土[4]壅其節, 則生新根而轉盛. 《增補山林經濟》

오이는 그 덩굴이 막 쇠어서 시들려고 할 때 손으로 뿌리 아래의 흙을 파낸 다음 여기에 잘 삭은 거름 2~3승을 넣어 준다. 이어서 마디마다 흙을 호미로 떠서 두껍게 묻어 주면, 마디마다 새 덩굴이 나서 오이 열매가 다시 풍성하게 열린다. 이 백자옹(百子翁)[24]은 반로환동단(返老還童丹, 노인을 도로 어린아이로 돌아가게 해 주는 단약)이다. 《행포지》[25]

黃瓜, 方其藤老而將萎也, 用手撥起根下土, 入熟糞二三升. 仍逐節, 鋤土厚埋[5]之, 則節節生藤, 結子再繁. 此百子翁, 返老還童丹也. 《杏蒲志》

6) 보관하기

收藏

오이를 거둘 때 색이 황색이 되면 딴다【주 만약 색이 적색이 되면 껍질은 그대로지만 열매살이 줄어든다】.

收胡瓜, 候色黃則摘【注 若待色赤, 則皮存而肉消】.

---

22 《王禎農書》〈百穀譜〉 3 "蓏屬" '甜瓜', 95쪽.

23 《增補山林經濟》 卷6 〈治圃〉 "黃苽"(《農書》 3, 403쪽).

24 백자옹(百子翁) : 원래는 과류(瓜類) 중에서도 씨가 유난히 많은 동아의 이칭이다. 여기서는 쇠어 시들었다가 다시 많은 열매[百子, 백 개의 열매]를 얻은 오이를 의미한다. 이를 먹으면 젊음을 회복한다고 믿어 이렇게 약처럼 귀히 여긴 것으로 보인다.

25 《杏蒲志》 卷3 〈種蔬果〉 "種黃瓜"(《農書》 36, 162~163쪽).

[4] 土 : 《增補山林經濟·治圃·黃苽》에는 "上".

[5] 埋 : 《杏蒲志·種蔬果·種黃瓜》에는 "壅".

여타의 일반적인 과류(瓜類)처럼 향신료장[香醬] 속에 함께 저장해 두면 또한 맛이 좋다.

竝如凡瓜, 於香醬中藏之, 亦佳.

【안 호과(胡瓜)가 중국에 들어온 시기는 과류 중에서 가장 늦다. 옛사람들이 '외[瓜]'라고 부르던 열매는 모두 참외를 가리켜 말한 것이다. 가사협(賈思勰)이 말한 오이 심는 시기와 따는 법은 모두 지금의 재배법과 같지 않다. 이를 통해 또한 당시 오이 심고 가꾸는 법이 완전히 갖추어지지 않았음을 알 수 있다.

【按 胡瓜之入中國, 最晩. 古人所稱"瓜"者, 皆指甜瓜而言耳. 賈氏所言黃瓜種候⑥、摘法, 皆與⑦今法不同, 亦可見當時蒔藝之法未備也.

대체로 오이 심는 법은 참외 심는 법과 다름이 없다. 오이에 대해서는 《만학지》에 실린 참외 심기와 가꾸기의 여러 법[26]을 참고해서 보아야 한다】《제민요술》[27]

大抵胡瓜種法, 與甜瓜一同無異. 此當與《晩學志》所載甜瓜種藝諸法參看也】《齊民要術》

7) 쓰임새

功用

오이는 생으로든 익혀서든 모두 먹을 수 있고, 삶는 요리는 용도에 알맞게 쓰면 되니, 실로 여름이나 가을의 훌륭한 채소이다. 혹 오이를 장에 저장했다가 이 장으로 두시[豉]를 만들거나 소금물에 담가 오이장아찌[霜瓜]를 만든다. 그렇다면 또한 채소와 풀열매류의 쓰임을 겸하는 것이다. 《왕정농서》[28]

生熟皆可食, 烹飪隨宜, 實夏秋之嘉蔬也. 或以醬藏爲豉, 鹽漬爲霜瓜, 則又兼蔬蓏之用矣. 《王氏農書》

---

26 오이에……법 : 《만학지》 권3 〈풀열매류〉 "참외"에 자세히 보인다.

27 《齊民要術》 卷2 〈種瓜〉 第14(《齊民要術校釋》, 163쪽).

28 《王禎農書》 〈百穀譜〉 3 "蓏屬" '甜瓜', 95쪽.

⑥ 候 : 저본에는 "後". 오사카본에 근거하여 수정.

⑦ 與 : 저본에는 "如". 오사카본에 근거하여 수정.

2. 동아[冬瓜, 동과][1]

冬瓜

1) 이름과 품종

名品

일명 '백과(白瓜)', '수지(水芝, 물이 많은 영지)', '지지(地芝, 땅에서 나는 영지)'이다.[2]

一名"白瓜", 一名"水芝", 一名"地芝".

【 개보본초(開寶本草) [3][4] 동아는 서리를 맞으면 껍질이 분가루를 발라 놓은 것처럼 하얘진다. 씨앗도 역시 하얗다. 그러므로 '백과'라 이름 붙였다.

【 開寶本草 冬瓜, 經霜, 皮白如粉塗. 其子亦白, 故名"白瓜".

본초강목 [5] 동아는 겨울[冬]에 익기 때문에 이러한

本草綱目 冬瓜, 以其冬熟

동아(임원경제연구소, 임원경제연구소에서 촬영)

---

1 동아[冬瓜, 동과] : 쌍떡잎식물 박목 박과의 한해살이 덩굴식물. 풍석 서유구 지음, 임원경제연구소 옮김, 위와 같은 책, 220~222쪽과 함께 참조 바람.

2 일명……지지(地芝)이다 : 《本草綱目》 卷28 〈蓏部〉 "冬瓜", 1697쪽에 보인다.

3 개보본초(開寶本草) : 중국 송(宋)나라 때 《개보신상정본초(開寶新詳定本草)》를 이방(李昉) 등이 교열 수정하여 본래 이름을 줄여 붙인 책. 모두 21권이고, 938종의 약재가 수록되어 있다. 《개보신상정본초》는 중국 북송 시대의 의학자인 오복규(吳復珪, ?~?)가 개보(開寶) 6년(973)에 왕명으로 유한(劉翰, 919~990), 마지(馬志, ?~?), 진소우(陳昭遇, ?~?) 등과 함께 편수한 총20권의 의서이다.

4 출전 확인 안 됨; 《本草綱目》, 위와 같은 곳.

5 《本草綱目》, 위와 같은 곳.

동아(《본초강목》)

동아(《본초도경》)

이름을 붙였다. 동아속은 '과련(瓜練)'이라 하고, 씨앗은 '과서(瓜犀)'라 한다.

也. 其瓤謂之"瓜練", 其子謂之"瓜犀".

농정전서[6] 《광지(廣志)》[7]에서는 이를 '소급(蔬菔)'이라 했고[8], 《신선본초(神仙本草)》[9]에서는 '토지(土芝)'[10]라 했다[11]】

農政全書 《廣志》謂之"蔬菔", 《神仙本草》謂之"土芝"】

---

6 《農政全書》卷27〈樹藝〉"蓏部" '白瓜'(《農政全書校注》, 682쪽).

7 광지(廣志) : 중국 진(晉)나라 곽의공(郭義恭, ?~?)이 지은 역사지리서. 원서는 전하지 않으나 청(淸)나라 문인 황석(黃奭, 1809~1853)이 남아 있는 글을 편집하여 1책으로 간행했다.

8 광지(廣志)에서는……했고 : 출전 확인 안 됨; 《御定康熙字典》卷25〈艸部〉"菔"(《文淵閣四庫全書》231, 40쪽)에 "博雅冬瓜菔也"로 되어 있는 것으로 보아 소급(蔬菔)은 깁(菔)과 같은 글자로 보인다.

9 신선본초(神仙本草) : 중국의 후한(後漢)에서 진(晉)대 사이에 성립된 본초서(本草書). 《신농본초(神農本草)》라고도 한다. 중국에서 가장 오래된 약물학 서적이다. 양(梁)나라의 학자 도홍경(陶弘景)이 6세기 초에 교정하여 《신농본초경》 3권으로 정리하였고, 여기에 다시 주를 가하여 《신농본초경집주》 7권을 저술하였다. 그 내용이 《본초강목》에 보인다.

10 토지(土芝) : 여러 본초서에 토지(土芝)는 토란의 이칭으로 나오는 경우가 대부분이다. 아래 '8. 토란[芋]' 항목에도 토란의 일명이 '토지'라고 나온다. 《本草綱目》에 수지(水芝)나 지지(地芝)가 동아의 이칭으로 나오는 것에 근거해 볼 때 토지(土芝)의 '土'를 '水'나 '地'로 오기한 것으로 보인다.

11 신선본초(神仙本草)……했다 : 출전 확인 안 됨; 《本草綱目》卷28〈蓏部〉"冬瓜", 1697쪽.

동아(《식물명실도고》)

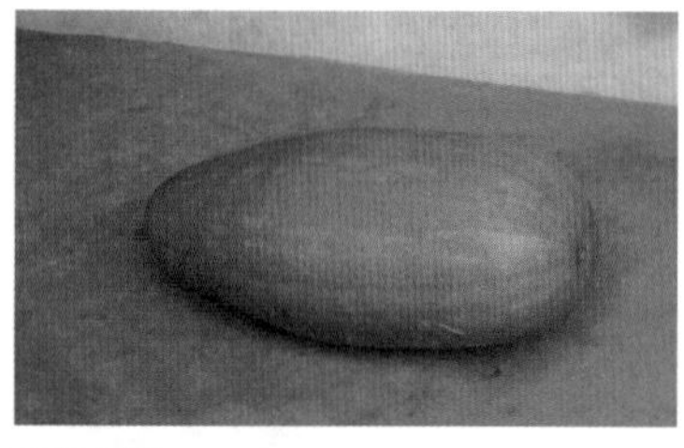

동아(안철환)

동아꽃과 열매(김재광)

2) 심기와 가꾸기

種藝

동아·월과(越瓜, 오이의 일종)·박의 씨앗은 10월에 구종법(區種法)으로 심는다. 이는 오이 심는 법과 같다. 겨울이 되면 눈을 밀어다 구덩이 위에 쌓아서 눈더미를 만들어 놓는다. 그러면 이 눈이 녹아 흙에 스며서 흙이 기름지고 좋아진다. 그렇게 해야 봄에 심는 것보다 낫다. 《제민요술》[12]

冬瓜、越瓜、瓠子, 十月區種, 如種瓜法. 冬則推[1]雪著區上爲堆, 潤澤肥好, 乃勝春種.《齊民要術》

동아 심는 법: 담장 곁 그늘진 땅에 구덩이를 만든다. 이때 원둘레는 2척, 깊이는 0.5척이 되도록 한다. 여기에 잘 삭은 거름과 흙을 서로 섞어서 1월 그믐날

種冬瓜法: 傍墻陰地作區, 圓二尺, 深五寸, 以熟糞及土相和, 正月晦日種【注

12 《齊民要術》卷2〈種瓜〉第14(《齊民要術校釋》, 163~164쪽).

[1] 推: 저본에는 "堆".《齊民要術·種瓜》에 근거하여 수정.

속 파낸 동아(임원경제연구소)

에 심는다【주 2월이나 3월에도 심을 수 있다】.

二月、三月亦得】.

싹이 나오면, 나무작대기를 담에 기대 세워, 덩굴이 이를 타고 올라가게 한다. 가물면 물을 준다. 8월에는 그 덩굴 우듬지를 잘라 열매 수를 줄여서, 한 뿌리에 6개만 남긴다【주 많이 남기면 열매가 제대로 영글지 않는다】. 《제민요술》[13]

既生, 以柴木倚墻, 令其緣上. 旱則澆之. 八月斷其梢, 減其實, 一本但留六[2]枚【注 多留則不成也】. 同上

동아 심는 법: 먼저 축축한 볏짚재를 고운 진흙과 섞어 땅 위에 펼쳐 놓는다. 줄을 지은 밭두둑을 호미질로 만든다. 2월에 동아씨를 심되, 이때 씨앗마다의 간격은 0.1척 정도로 한다. 이어 축축한 재

種冬瓜法: 先將濕稻草灰拌和細泥, 鋪地上, 鋤成行隴. 二月下種, 每粒離寸許, 以濕灰篩蓋, 河水灑

13 《齊民要術》 卷2 〈種瓜〉 第14(《齊民要術校釋》, 163쪽).

[2] 六: 《齊民要術·種瓜》에는 "五六".

를 체로 쳐서 씨앗 심은 곳을 덮는다. 여기에 강물을 뿌려 준다. 그런 뒤에 또 거름을 주어 고르게 덮고, 이 거름이 마르면 물을 준다.

之. 又用糞澆蓋, 乾則澆水.

싹이 재를 뚫고 나오면 들뜬 재를 한낮에 걷어 내어 비벼 부순 다음 이 재로 동아뿌리 옆을 북주고, 맑은 똥거름물을 부어 준다. 3월 하순이 되면 휴전을 손질하고 호미로 구덩이를 판다. 구덩이마다 4포기씩 옮겨 심되, 구덩이끼리는 4척 정도의 거리를 둔다. 부어 주는 똥거름물은 반드시 진해야 한다. 일반적으로 과류 심는 법은 모두 이와 같다. 《편민도찬(便民圖纂)》[14]

待芽頂灰, 于日中將灰揭下, 搓碎壅于根傍, 以清糞水[3]澆之. 三月下旬, 治畦鋤穴. 每穴栽四科, 離四尺許. 澆灌糞水須濃. 凡瓜種法俱同. 《便民圖纂》

동아덩굴 위를 오시(午時, 오전 11시~오후 1시)에 빗자루로 툭툭 쳐 주면 열매가 많이 열린다【안 《물류상감지(物類相感志)》[15]에서 또 "동아를 거둘 때는 동아 가까이에서 빗자루질로 인해 바람을 일으키는 일을 금한다."[16]라 했다. 이는 여기와 서로 모순된다. 그 덩굴이 뻗을 때는 빗자루로 쳐 줄 수 있으면서, 어째서 수확할 때는 또 가까이서 빗자루질하기를 금한다는 말인가?】. 《물류상감지》[17]

冬瓜蔓上, 午時用苕帚打之則生多【按 《物類相感志》又云: "收冬瓜, 忌近[4]苕帚風." 與此相矛盾. 豈蔓時則可用苕帚打, 旣收則又忌近苕帚耶?】. 《物類相感志》

---

14 《便民圖纂》卷6 〈樹藝類〉下 "種諸色蔬菜", 63쪽.

15 물류상감지(物類相感志):중국 송(宋)나라 소식(蘇軾)이 지은 책. 신체·의복·기용·음식·문방·질병 등에 대하여 짤막한 상식들을 열거해 놓았다. 이 책의 내용이 음식요리 백과사전인 《임원경제지 정조지》 등 여러 곳에 많이 인용되어 있다.

16 동아를……금한다:《說郛》卷22 下 〈物類相感志〉 "蔬菜"(《文淵閣四庫全書》 877, 295쪽).

17 《說郛》 卷22 下 〈物類相感志〉 "花竹"(《文淵閣四庫全書》 877, 296쪽); 《物類相感志》 〈果蔬〉(《叢書集成初編》 1344, 19쪽).

[3] 水:《便民圖纂·樹藝類·種諸色蔬菜》에 근거하여 보충.

[4] 近:《說郛·物類相感志·花竹》에는 없음.

3) 보관하기

收藏

10월에 서리가 흠뻑 내리면 거둔다【주 너무 일찍 거두면 물러진다】. 껍질을 벗기고 씨를 제거한 뒤, 겨자장 속이나 맛있는 된장 속에 저장하면 좋다. 《제민요술》[18]

十月霜足收之【注 早收則爛】. 削去皮、子, 於芥子醬中、或美豆醬中藏之佳. 《齊民要術》

거두어 저장할 때는 높고 건조한 곳이 좋다. 소금이나 식초 및 빗자루를 가까이에 두거나 닭과 개가 건드리는 일을 금한다. 겨자와 같이 놓아 두면 해를 넘겨도 상하지 않는다. 《군방보(群芳譜)》[19]

收藏宜高燥處. 忌近鹽、醋及掃帚, 鷄犬觸犯. 與芥子同安置, 可經年不壞. 《群芳譜》

일반적으로 오이류를 거둘 때 술·옻·사향(麝香)[20] 및 찰벼에 닿는 일을 금한다. 이들에 닿으면 반드시 물러지기 때문이다. 《본초강목》[21]

凡收瓜忌酒、漆、麝香及糯米, 觸之必爛. 《本草綱目》

동아를 거두어 저장할 때는 상처가 없는 놈을 시렁 위나 그을음이 끼는 곳에 둔다. 그러면 이듬해 여름이 되어도 썩지 않는다. 만약 상처가 있다면 열흘도 지나지 않아 썩는다. 《화한삼재도회(和漢三才圖會)》[22]

收藏冬瓜, 以無痕者, 置棚上及煤行處, 至翌夏亦不敗. 如有痕者, 不經旬而腐. 《和漢三才圖會》

---

18 《齊民要術》卷2 〈種瓜〉第14(《齊民要術校釋》, 163쪽).

19 《二如亭群芳譜》〈亨部〉第3 "蔬譜" 2 '冬瓜'(《四庫全書存目叢書補編》80, 339쪽);《廣群芳譜》卷17 〈蔬譜〉"冬瓜", 401쪽.

20 사향(麝香): 사향노루 수컷의 향선낭(香腺囊) 안에 들어 있는 분비물. 강한 향이 화초류나 채소류에는 해가 된다. 사람의 몸에는 막힌 구멍들을 열어 주고, 예기(穢氣, 사기)를 막으며 경락을 통하게 하고 어혈(瘀血)을 푸는 효능이 있다.

21 《本草綱目》卷28 〈蓏部〉"冬瓜", 1697쪽.

22 《和漢三才圖會》卷100 〈蓏菜類〉"冬瓜"(《倭漢三才圖會》12, 130쪽).

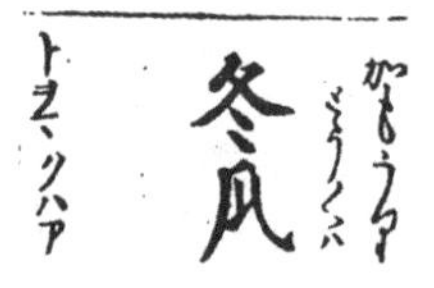

동아(《왜한삼재도회》)

동아(김재광)

동아는 손바닥으로 문지르기를 금한다. 민간에서 동아를 '처녀혼(處女魂)'이라 한다. 이는 사람의 손 타는 일을 싫어하기 때문이다. 《행포지》[23]

冬瓜忌手掌摩挲. 俗謂冬瓜"處女魂", 爲其惡近人手也. 《杏蒲志》

4) 종자 거두기

收種

동아꼭지가 굽어서 열매살에 붙은 놈은 암컷 동아이다. 동아가 매우 쇠어지면 그 씨앗을 높고 건조한 곳에 거두어 두고, 절대로 습기가 닿지 않도록 보관하여 종자로 삼는다. 《군방보》[24]

瓜蔕彎曲貼肉者, 雌瓜也. 俟極老, 取子收高燥處, 勿浥濕留, 作種. 《群芳譜》

---

23 《杏蒲志》 卷3 〈種蔬果〉 "種冬瓜"(《農書》 36, 163쪽).

24 《二如亭群芳譜》 〈亨部〉 第3 "蔬譜" 2 '冬瓜'(《四庫全書存目叢書補編》 80, 339쪽); 《廣群芳譜》 卷17 〈蔬譜〉 "冬瓜", 401쪽.

5) 쓰임새

功用

《형초세시기(荊楚歲時記)》[25]에는 "7월에 동아씨[瓜犀]를 채취하여 얼굴 화장용 기름을 만든다."[26]라 했다. 이에 대하여 《본초도경(本草圖經)》[27]에서 "서(犀)는 동아속이다. 동아속으로도 역시 세안용 비누[澡豆]를 만들 수 있다."[28]라 했다.

《荊楚歲時記》曰:"七月採瓜犀,以爲面脂."《本草圖經》曰:"犀,瓣也. 瓤亦堪作澡豆."

무릇 오이류의 종류가 매우 다양하지만, 그 가운데 동아만 싱싱함이 오래 간다. 동아는 서리를 맞아야 익어서 저장할 수 있다. 한 해가 다 되어도 상하지 않는다. 오늘날 사람들은 또 동아로 밀전(密煎)[29]을 만들고, 그 씨앗으로는 다과(茶果, 차와 과자)용 과자를 만들기도 하니, 채소와 과자의 용도를 겸하는 것이다. 《왕정농서》[30]

夫瓜種最多,獨此瓜耐久,經霜乃熟,藏可[5],彌年不壞. 今人亦用爲密煎,其犀用爲茶果,則兼蔬果之用矣.《王氏農書》

---

25 형초세시기(荊楚歲時記):중국 남조(南朝)의 종름(宗懍, 502~565)이 양나라 땅인 형주(荊州, 춘추전국시대 초나라가 있던 지역)의 풍속과 고사에 대해 기록한 《형초기(荊楚記)》에 수(隋)나라 두공섬(杜公瞻, ?~?)이 주를 더하여 지은 책.

26 7월에……만든다:《荊楚歲時記》第2部〈佚文輯錄〉;《本草圖經》卷17〈菜部〉"白瓜子", 562쪽.

27 본초도경(本草圖經):중국 송(宋)나라 소송(蘇頌) 등이 편찬하여 1061년에 간행된 의서. 일명 《도경본초(圖經本草)》라고도 한다. 중국 각 군현(郡縣)의 약초도를 수집하고, 여러 학자의 학설을 참고하여 정리해서 만든 책이다.

28 서(犀)는……있다:《本草圖經》卷17〈菜部〉"白瓜子", 562쪽.

29 밀전(密煎):과일이나 채소를 꿀에 담가 만든 음식이다. 풍석 서유구 지음, 임원경제연구소 옮김, 《임원경제지 정조지》2, 79~80쪽 '밀전동과(蜜煎冬瓜) 만들기'에 자세히 보인다.

30 《王禎農書》〈百穀譜〉3 "蓏屬" '冬瓜', 97쪽;《農政全書》卷27〈樹藝〉"蓏部" '白瓜'(《農政全書校注》, 673쪽).

[5] 藏可:《王禎農書·百穀譜·蓏屬·冬瓜》에는 "可藏之".

3. 호박[南瓜, 남과][1]

南瓜

1) 이름과 품종

名品

【본초강목[2] 호박의 종자는 남번(南番)[3]에서 나와서 민(閩)[4]과 절(浙)[5] 지방으로 흘러 들어갔다. 지금은 연경(燕京, 북경)의 여러 곳에도 호박이 있다.

【本草綱目 南瓜種出南番, 轉入閩、浙. 今燕京諸處亦有之.

호박(《본초강목》)

1 호박[南瓜, 남과]: 박과의 덩굴성 한해살이풀. 한국에서 재배하여 먹는 호박은 중앙아메리카 또는 멕시코 남부의 열대 아메리카 원산의 동양계 호박(C.moschata)이다. 이외에 남아메리카 원산의 서양계 호박(C.maxima), 멕시코 북부와 북아메리카 원산의 페포계 호박(C.pepo)이 있다. 풍석 서유구 지음, 임원경제연구소 옮김, 《임원경제지 정조지》 1, 222쪽과 함께 참조 바람.

2 《本草綱目》 卷28 〈菜部〉 "南瓜", 1700쪽.

3 남번(南番): 멕시코 남부의 열대아메리카와 중남미 지역을 가리킨다. 한국, 중국, 일본 등에서 먹는 모샤타종(동양계 호박) 호박의 원산지이다. 《호박-농업기술길잡이》 141(개정판), 농촌진흥청, 2018년, 8~9쪽 참조. 남번은 사료에서 인도네시아의 자와(Java, 자바)나 베트남 등 동남아시아에 분포하는 나라들을 가리키기도 한다.

4 민(閩): 중국 복건성(福建省) 일대의 옛 지명. 본래는 월족(越族)에서 갈려 나온 소수민족의 하나를 지칭하던 이름이었으나, 이들이 지금의 복건성에 거주했던 것에서 의미가 확장되어 복건성을 지칭한다.

5 절(浙): 중국 절강성(浙江省) 일대의 옛 지명. 동중국해 연안에 있다.

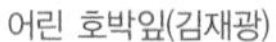

어린 호박잎(김재광)

호박꽃봉오리(전영창)

덩굴은 100여 척까지 뻗는다. 잎은 접시꽃[蜀葵]과 닮았으나 그보다 크다. 꽃은 수박꽃과 같고, 매우 둥그런 열매를 맺으며, 그 크기는 수박만 하다. 호박껍질에는 참외와 같이 둥근 모가 있다. 씨앗은 동아씨앗과 같은 모양이다. 호박의 열매살은 생으로는 먹을 수 없고, 껍질을 제거하고 속살만 삶아 먹는다. 맛은 마[山藥]의 맛과 같다.

蔓延十餘丈, 葉如蜀葵而大. 花如西瓜花, 結瓜正圓, 大如西瓜. 皮上有稜如甜瓜. 子如冬瓜子. 其肉不可生食, 惟去皮穰瀹食, 味如山藥.

《왕정농서(王禎農書)》에 "절중(浙中, 절강성) 지역에 음과(陰瓜)라는 한 종이 있다. 이놈은 응달에 심어야 한다. 가을에 익으면 색이 황금처럼 황색이 된다. 껍질이 조금 두꺼워 봄까지 저장할 수 있고, 봄에 먹어도 금방 딴 것처럼 싱싱하다. 이 음과는 아마도 호박인 듯하다."[6]라 했다.

《王禎農書》云: "浙中一種陰瓜, 宜陰地種之. 秋熟, 色黃如金, 皮膚稍厚, 可藏至春, 食之如新. 疑卽南瓜也."

6 절중(浙中, 절강성)……듯하다 : 출전 확인 안 됨;《廣群芳譜》卷17 〈蔬譜〉"南瓜", 399~400쪽. 이시진이 《본초강목》에 《왕정농서》 내용으로 잘못 인용한 것을 서유구가 그대로 옮긴 듯하다. 《二如亭群芳譜》〈亨部〉 第3 "蔬譜" 2 '南瓜'(《四庫全書存目叢書補編》 80, 339~340쪽)에는 이 내용이 없다. 《광군방보》에도 《왕정농서》의 내용이라 했다.

호박꽃(김재광)

꽃이 진 자리에 자라는 호박(임원경제연구소, 파주시 월롱면 덕은리에서 촬영)

어린 호박(전영창)

호박(《식물명실도고》)

울릉도호박(안철환)

다 자라 늙은 호박(전영창)

해동농서[7] 호박 종자는 남번에서 나왔다. 그러므로 '왜과(倭瓜)'라고도 한다[8]】

海東農書 種出南番, 故亦稱"倭瓜"】

7 《海東農書》卷2 〈瓜類〉 "南瓜"(《農書》 9, 74쪽).

8 남번(南番)에서……한다 : 왜과(倭瓜)는 호박의 한 종으로, 남번에서 나서 일본을 통해 들어온 것이라고 한다.

제주호박(안철환)

각종 호박(김재광)

2) 알맞은 토양

土宜

비옥한 모래땅이 좋다. 《본초강목》[9]

宜沙沃地. 《本草綱目》

두둑에 심은 호박은 울타리를 타고 올라가도록 심어 보기 좋은 호박만 못하다. 울타리 안에 심은 호박은 울타리 밖에 심어 보기 좋은 호박만 못하다. 또 동쪽 울타리에 심은 호박은 서쪽 울타리에 심어 보기 좋은 호박만 못하다. 《행포지》[10]

畝種者, 不如上籬之美, 在籬內者, 不如籬外之美; 在東籬者, 不如西籬之美. 《杏蒲志》

3) 심는 시기

時候

3월에 심으면, 4월에 싹이 나서 덩굴을 뻗으며 매우 번성해진다. 8~9월에 황색 꽃을 피우고, 호박을 맺는다. 그 크기는 수박과 같다. 《본초강목》[11]

三月下種, 四月生苗, 引蔓甚繁. 八九月開黃花, 結瓜, 大如西瓜. 《本草綱目》

---

9 《本草綱目》卷28〈菜部〉"南瓜", 1700쪽.

10 《杏蒲志》卷3〈種蔬果〉"種南瓜"(《農書》36, 163쪽).

11 《本草綱目》, 위와 같은 곳.

지붕 위의 호박(안철환)

호박덩굴(김재광)

4) 심기와 가꾸기

種藝

심는 법은 박[瓠] 심는 법과 같다. 《증보산림경제》[12]

種法, 與瓠[1]同. 《增補山林經濟》

호박은 일찍 심으면 일찍 열매를 따먹을 수 있다. 다만 서리를 조심해야 할 뿐이다. 숭산(嵩山)[13] 남쪽 사람들이 호박을 재배하는 법은 다음과 같다. 나무로 네모난 동이를 만든다. 동이는 길이 3~4척, 너비 2~3척, 깊이 0.7~0.8척이 되도록 한다. 동이 양쪽 끝에 짧은 손잡이를 달아서 들어 옮길 수 있도록 한다.

南瓜, 早種, 可早食實. 但畏霜耳. 嵩陽人種南瓜法: 木作方盆, 長三四尺, 闊二三尺, 深七八寸. 兩頭有短柄, 令可擡搬.

춘분(春分, 양력 3월 20·21일경)이 지난 후 동이에다 기름진 흙을 담고 씨앗을 심는다. 낮에는 이 동이를

春分後, 用肥土種子于盆. 晝置庭除、場畔, 夜輒搬入

쪼개 놓은 호박(안철환)

12 《增補山林經濟》 卷6 〈治圃〉 "南瓜"(《農書》 3, 407쪽).

13 숭산(嵩山): 중국 하남성(河南城) 북부 등봉현(登封縣)에 있는 산. 오악(五嶽) 가운데 하나이다.

[1] 瓠: 저본에는 "匏". 규장각본·《增補山林經濟·治圃·南瓜》에 근거하여 수정.

애호박(임원경제연구소, 경주시 손곡동에서 촬영)

마당 가장자리나 밭두둑에 두었다가 밤이 되면 어둑한 실내에 옮겨 넣어 늦서리를 피한다. 3월에 서리가 완전히 그쳤다는 확신이 들면 비로소 비가 오는 날에 옮겨 심는다. 그러면 소서(小暑, 양력 7월 7·8일경) 전후에 호박을 먹을 수 있다. 《행포지》[14]

蔭室以避晩霜. 三月霜信頓止, 始帶雨移揷. 小暑前後可食實.《杏蒲志》

14 《杏蒲志》卷3 〈種蔬果〉 "種南瓜"(《農書》36, 163~164쪽).

5) 보관하기

收藏

서리가 내린 다음 호박을 거두어서 따뜻한 곳에 둔다. 그러면 봄이 올 때까지 보관할 수 있다. 《본초강목》[15]

經霜, 收置煖處, 可留至春. 《本草綱目》

서리가 내린 후 황색이면서 손상이 없는 호박은 실내에 둔다. 그러면 이듬해 봄까지 저장할 수 있다. 《증보산림경제》[16]

霜後色黃[2]不損者, 留置室中, 可至明春. 《增補山林經濟》

6) 종자 거두기

收種

호박은 반드시 타원형으로 생기고 광택이 나며 윤기가 있는 열매를 취하여 씨를 거두어야 한다. 둥글납작한 놈이나 완전히 동그란 호박은 속이 무르고 맛이 심심하다. 이런 호박은 타원형 호박의 좋은 맛만 못하다. 《행포지》[17]

南瓜, 必取撱圓而光潤者, 收子. 其匾圓、正圓者瓤脆味淡, 不如撱圓之美也. 《杏蒲志》

15 《本草綱目》 卷28 〈菜部〉 "南瓜", 1700쪽.
16 《增補山林經濟》 卷6 〈治圃〉 "南瓜"(《農書》 3, 407쪽).
17 《杏蒲志》 卷3 〈種蔬果〉 "種南瓜"(《農書》 36, 163쪽).
[2] 瓠 : 저본에는 "匏". 규장각본·《增補山林經濟·治圃·南瓜》에 근거하여 수정.

4. 쥐참외[王瓜, 왕과][1]

王瓜

1) 이름과 품종

名品

일명 '땅외[土瓜]', '노아과(老鴉瓜)', '적박자(赤雹子)', '야첨과(野甜瓜, 들참외)', '공공수(公公鬚)'이다.[2]

一名"土瓜", 一名"老鴉瓜", 一名"赤雹子", 一名"野甜瓜", 一名"公公鬚".

【도경본초】[3] 《예기(禮記)》 〈월령(月令)〉[4]에 "4월에 왕과가 난다."[5]라 한 것이 바로 이것이다.

【圖經本草】《月令》"四月王瓜生"卽此也.

본초강목[6] 쥐참외의 뿌리는 토기(土氣)를 내고, 맛은 오이와 같다. 그러므로 '땅외[土瓜]'라 이름 붙였다. 이름에 붙은 '왕(王)'이란 글자는 그 의미가 자세하지 않다.

本草綱目 其根作土氣, 其味如瓜, 故名"土瓜". 王字, 未詳其義.

쥐참외 모양이 우박[雹子]과 비슷하고, 익으면 색깔이 적색이 되며, 갈가마귀[鴉]가 즐겨 먹는다. 그러므로 민간에서는 '적박(赤雹, 붉은 우박)'이라 하거나

瓜似雹子, 熟則色赤, 鴉喜食之, 故俗名"赤雹"、"老鴉瓜". 一葉之下一鬚, 故俚

---

1 쥐참외[王瓜, 왕과]: 박과에 속하는 다년생 초본식물. 모양은 참외와 비슷하지만 크기가 아주 작다. 그 뿌리를 말려서 해수·지갈·소갈·해열·당뇨 등의 병증 치료에 약재로 사용한다. 풍석 서유구 지음, 임원경제연구소 옮김, 위와 같은 책, 224쪽과 함께 참조 바람.

2 일명……'공공수(公公鬚)'이다: 《本草綱目》 卷18 〈草部〉 "王瓜", 1273쪽에 보인다.

3 《圖經本草》 卷17 〈草部〉 "中品之下" '王瓜'(《本草圖經》, 201쪽).

4 월령(月令): 《예기(禮記)》의 편명. 1년의 절기 별로 해야 할 일과 풍습이 기록되어 있다.

5 4월에……난다: 《禮記正義》 卷15 〈月令〉(《十三經注疏整理本》 13, 576쪽).

6 《本草綱目》 卷18 〈草部〉 "王瓜", 1274쪽.

쥐참외

'노아과(老鴉瓜, 늙은 갈가마귀외)'라 이름 붙였다. 잎 1장 아래에 수염[鬚] 1개가 나므로 민간에서는 '공공수(公公鬚)'라 부른다.

人呼爲"公公鬚".

안 쥐참외는 과류(瓜類)가 아니다. 다만 그 뿌리의 맛이 오이맛과 비슷하기 때문에 '왕과(王瓜)'라 이름 붙인 것이다. 본초서(本草書)에는 이 항목이 초류(草類)에 붙어 있다. 하지만 지금 여기서는 다만 그 뿌리를 맛 좋은 채소로 충당하여 쓸 수 있다는 점 때문에 풀열매류에 분류하여 넣었다】

按 王瓜, 非瓜類也. 特以根似瓜味, 故名"王瓜". 本草系之草類, 今特爲其根之可充嘉蔬, 移入蓏類】

2) 심기와 가꾸기

種藝

쥐참외 심는 법은 다음과 같다. 2월초에 씨앗을 뿌린다. 0.1척 정도 자라면 호미로 구덩이를 파서 나누어 심는다. 이때 한 구덩이에 한 포기씩 심는다.

種王瓜法: 二月初撒種, 長寸許, 鋤穴分栽, 一穴栽一科. 每日早以淸糞水澆之.

매일 이른 아침에 맑은 똥거름물을 준다. 가물면 이른 아침과 저물녘에 모두 물을 준다. 덩굴이 길게 뻗으면 대나무를 타고 올라가도록 시렁을 만들어 준다. 《농정전서》[7]

旱則早晚皆澆. 待蔓長, 用竹引上作棚. 《農政全書》

쥐참외는 연경(燕京)에서 나는 품종이 가장 좋다. 그 지역 사람들은 온실에 쥐참외를 심어 꽃잎이 나오도록 촉진한다. 그러면 2월초에 곧 열매를 맺는다. 또 가을에 나는 다른 한 종도 좋다. 오토(五土)[8]의 토양이 모두 알맞다. 민중(閩中)[9]에서는 2~3월 즈음에 쥐참외를 먹는다. 입하(立夏, 양력 5월 6·7일경)가 되면 쥐참외가 시든다. 《학포여소(學圃餘疏)[10]》[11]

王瓜, 出燕京者最佳. 其地人種之火室中, 逼生花葉, 二月初卽結實[1]. 又一種秋生者亦佳. 五土俱宜. 閩中二三月間食, 入夏枯矣. 《學圃餘疏》

3) 쓰임새

功用

쥐참외는 3월에 싹이 나온다. 어릴 때는 싹을 먹을 수 있다. 그 뿌리는 하늘타리[栝蔞][12]뿌리 중 작은 놈과 같다. 뿌리를 가루 내어 물에 가라앉힌 앙금은 매우 뽀얗고 기름지다. 쥐참외를 심을 때 반드시 2~3척 깊이로 땅을 깊게 파야 곧은 뿌리를 얻을 수 있다.

三月生苗, 嫩時可茹. 其根如栝蔞根之小者, 澄粉甚白膩. 須深掘二三尺, 乃得正根. 江西人栽之沃土, 取根作蔬食, 味如山藥. 《本

---

7 《農政全書》卷27 〈樹藝〉 "蓏部" '王瓜'(《農政全書校注》, 673쪽).

8 오토(五土): 산림(山林), 천택(川澤), 구릉(丘陵), 물가의 평지, 낮고 움푹한 땅 등의 다섯 가지 땅. 여기서는 모든 땅을 의미한다.

9 민중(閩中): 중국 복건성(福建省) 지역.

10 학포여소(學圃餘疏): 중국 명나라 고문학자 왕세무(王世懋, 1536~1588)가 쓴 원예전문서인 《학포잡소(學圃雜疏)》와 같은 책으로 추정된다. 《학포잡소(學圃雜疏)》의 내용 일부는 《예원지》 권2 〈꽃류(상)(꽃나무)〉 "모란"(풍석 서유구 지음, 임원경제연구소 옮김, 《임원경제지 예원지》 1, 풍석문화재단, 2022, 184~223쪽) 참조. 이에 따라 이하 기사에서 《학포여소》의 출전주는 모두 《학포잡소》로 달았다.

11 출전 확인 안 됨; 《學圃雜疏》 〈瓜疏〉(《叢書集成初編》 1355, 13쪽).

12 하늘타리[栝蔞]: 박과에 속하는 다년생의 덩굴성 초본식물.

[1] 實: 《學圃雜疏·瓜疏》에는 "小實".

강서성(江西省, 양쯔강 남부 지역) 사람들은 기름진 땅에 옮겨 심고, 뿌리를 캐서 나물을 만들어 먹는다. 쥐참외뿌리의 맛은 마[山藥]와 같다. 《본초강목》[13]

草綱目》

13 《本草綱目》卷18〈草部〉"王瓜", 1274쪽.

5. 수세미외[絲瓜, 사과][1]

絲瓜

1) 이름과 품종

일명 '천라(天羅)', '만과(蠻瓜)', '어자(魚鰦)'이다.[2]

【본초강목[3] 이 수세미외는 늙으면 근사(筋絲)[4]가 그물[羅]처럼 짜인다. 그러므로 이름에 사(絲)와 라(羅)라는 글자가 있다. 옛 사람들은 이를 '어자(魚鰦)'라 하거나 '우자(虞刺)'라 했다. 처음에 남쪽 지방에서 왔기

名品

一名"天羅", 一名"蠻瓜", 一名"魚鰦".

【本草綱目 此瓜老則筋絲羅織, 故有絲、羅之名. 昔人謂之"魚鰦", 或云"虞刺". 始自南方來, 故"蠻瓜".

수세미외꽃과 그 열매

수세미외열매(이상 안철환)

1 수세미외[絲瓜, 사과]:박과에 속하는 일년생 초본식물. 덩굴성 식물로, 줄기는 12m에 달하며, 덩굴에는 능선이 있다. 천라(天羅) 또는 천락사(天絡絲)라고도 한다. 풍석 서유구 지음, 임원경제연구소 옮김, 《임원경제지 정조지》 1, 223~224쪽과 함께 참조 바람.

2 일명……어자(魚鰦)이다:《本草綱目》 卷28 〈菜部〉 "絲瓜", 1702쪽에 보인다.

3 《本草綱目》, 위와 같은 곳.

4 근사(筋絲):수세미 열매에 직조해 놓은 듯 얼기설기 얽혀 있는 질긴 실 같은 줄기.

꽃 아래에 열린 어린 수세미외(전영창)

수세미외(《식물명실도고》)

수세미외(김재광)

때문에 '만과(蠻瓜, 남쪽 오랑캐인 남만족 오이)'라 했다.

그 잎의 크기는 접시꽃잎크기와 같지만, 그와 달리 잎에 갈래가 더 많고 잎끝이 더 뾰족하며, 잔털가시가 있다. 즙으로는 녹색으로 염색할 수 있다. 그 줄기에는 모가 나 있다. 6~7월에 5장의 꽃잎이 피어나고, 꽃술과 꽃잎은 황색이다.

其葉大如蜀葵而多丫尖, 有細毛刺. 取汁可染綠[1]. 其莖有稜. 六七月開五出花[2], 蕊瓣有[3]黃.

수세미외열매는 굵기가 0.1척 정도 되고, 길이는 1~2척이다. 아주 긴 놈은 3~4척이다. 색은 짙은 녹색이고, 주름과 점이 있다. 수세미외열매의 머리는 꼭 자라대가리처럼 생겼다.

其瓜大寸許, 長一二尺, 甚則三四尺. 深綠色, 有皺點. 瓜頭如鼈首.

열매가 어릴 때는 차를 우리거나 채소로 쓸 수 있다. 늙으면 크기가 절구공이만 하고, 근락(筋絡, 근사)

嫩時可點茶充蔬. 老則大如杵, 筋絡纏紐細如織成.

---

[1] 綠: 저본에는 "絲".《本草綱目·菜部·絲瓜》에 근거하여 수정.

[2] 五出花:《本草綱目·菜部·絲瓜》에는 "黃花五出".

[3] 有:《本草綱目·菜部·絲瓜》에는 "俱".

이 마치 베를 짜 놓은 것처럼 세밀하게 얽혀 있다. 서리를 맞고서야 마른다. 마른 근락은 오직 신발 밑창에 깔거나, 솥과 같은 용기를 세척할 수 있다. 그러므로 시골사람들은 '세와라과(洗鍋羅瓜, 노구솥 씻는 수세미외)'라 한다】

經霜乃枯, 惟可藉靴履, 滌釜器, 故村人呼爲"洗鍋羅瓜"】

수세미외의 근사

수확한 수세미외(이상 김재광)

감나무를 시렁 삼아 뻗어 오르는 수세미외(전영창)

2) 심는 시기 時候

2월에 심는다. 《본초강목》[5]

二月下種. 《本草綱目》

3) 심기와 가꾸기 種藝

심는 법은 쥐참외 심는 법과 같다. 《농정전서》[6]

種法, 與王瓜同. 《農政全書》

싹이 나와서 덩굴을 뻗으면 나무나 대나무에 끌어올려 주거나 시렁을 만들어 준다. 《본초강목》[7]

苗生引蔓, 延樹、竹, 或作棚架. 《本草綱目》

심는 법은 채소류 심는 법과 같다. 《증보도주공서(增補陶朱公書)[8]》[9]

種法, 與種茹同. 《增補陶朱公書》

---

5 《本草綱目》, 위와 같은 곳.

6 《農政全書》 卷27 〈樹藝〉 "蓏部" '絲瓜'(《農政全書校注》, 674쪽).

7 《本草綱目》 卷28 〈菜部〉 "絲瓜", 1702쪽.

8 증보도주공서(增補陶朱公書) : 중국 춘추 시대 월(越)나라 관리 범려(范蠡)가 쓴 것으로 추정되는 책. 범려는 화식(貨殖)에 뛰어났기에 상왕(商王)으로 불렸다. 중국 명(明)나라 말기의 문인 진계유(陳繼儒, 1558~1639)가 지은 유서인 《중정증보도주공치부기서(重訂增補陶朱公致富奇書)》에 그 내용의 일부가 보인다.

9 출전 확인 안 됨.

수세미외(《본초강목》)

수세미외

4) 쓰임새	功用
수세미외는 곧 겸과(縑瓜, 근사가 있는 과류)이다. 그러므로 어리고 작을 때에는 먹을 수 있지만, 쇠면 질긴 실이 형성된다. 쇤 수세미로는 그릇을 씻고 기름때를 세척할 수 있다. 《농정전서》[10]	絲瓜, 卽縑瓜也, 嫩小者可食, 老則成絲, 可洗器滌膩. 《農政全書》
수세미외는 가늘고 긴 열매가 좋다. 쇤 수세미로는 그릇을 세척할 수 있다. 꽃은 피지만 열매를 맺지 못하는 수세미외를 '광화(狂花)'[11]라 한다. 이것을 먹어보면 상당히 맛이 있다. 《증보도주공서》[12]	絲瓜, 細長者良. 老則可滌器. 其花而不結瓜者, 爲狂花. 啖之, 頗有味. 《增補陶朱公書》

10 《農政全書》 卷27 〈樹藝〉 "蓏部" '絲瓜'(《農政全書校注》, 674쪽).
11 광화(狂花): 제철이 아닐 때 피는 꽃이나 열매를 맺지 못하는 꽃이다.
12 출전 확인 안 됨.

6. 박[瓠, 호][1]【부록 편포(扁蒲)[2]】

瓠【附 扁蒲】

1) 이름과 품종

【일명 '포과(匏瓜)', '호로(壺盧)'이다.[3]

본초강목[4] "호(壺)는 술그릇이고, 로(盧)는 물그릇이다. 박이 이 두 종류의 용기와 모양이 닮았기 때문에 이렇게 이름 붙였다. 민간에서 '호로(葫盧)'라고 쓰는 것은 잘못이다. 박 가운데 둥근 것을 '포(匏)' 또는 '표(瓢)'라 한다. 이는 물거품[泡]이나 부표(浮漂)처럼 물 위에 뜰 수 있기 때문이다.

名品

【一名"匏瓜", 一名"壺盧".

本草綱目 壺, 酒器; 盧, 飮器. 此物象其形故名. 俗作"葫盧"者, 非也. 其圓者曰"匏", 亦曰"瓢", 以其可以浮水如泡如漂也.

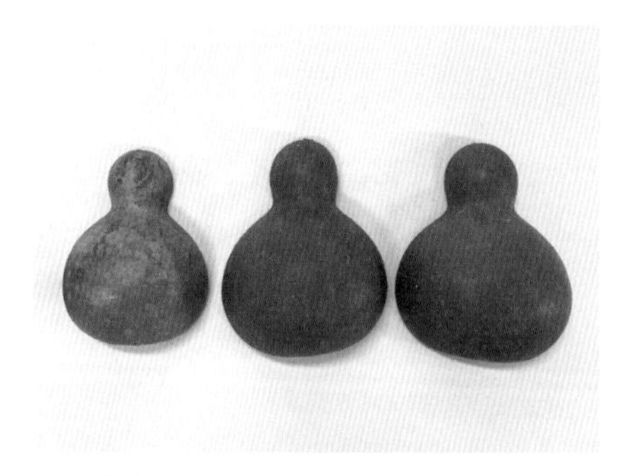

포로(조롱박)(창원역사민속관)

조롱박(김재광)

---

1 박[瓠, 호]: 쌍떡잎식물 박목 박과의 덩굴성 한해살이풀. 풍석 서유구 지음, 임원경제연구소 옮김, 위와 같은 책, 219~220쪽과 함께 참조 바람.

2 편포(扁蒲): 중국 강남(江南, 양자강 이남) 지역에서 박을 부르는 명칭. 박과 다른 별도의 종은 아닌 듯하다.

3 일명……호로(壺盧)이다: 《本草綱目》 卷28 〈菜部〉 "壺蘆", 1692쪽에 보인다.

4 《本草綱目》, 위와 같은 곳.

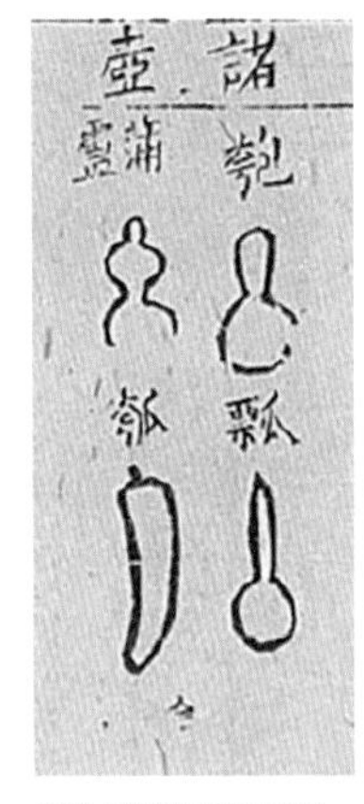

여러 모양에 따른 박의 명칭(《본초강목》)

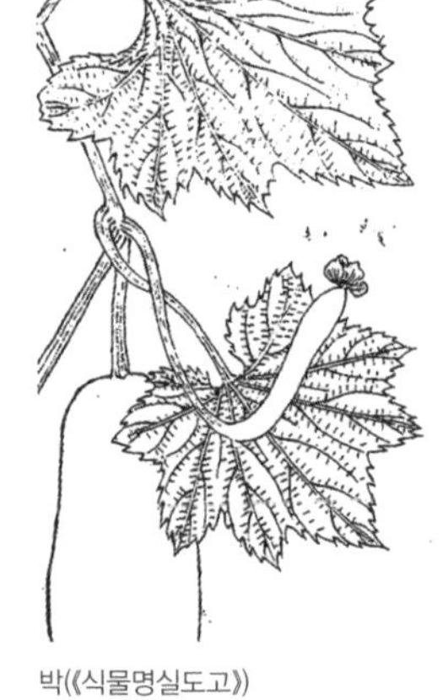

박(《식물명실도고》)

옛날에는 호(壺)·호(瓠)·포(匏) 3종을 모두 구별없이 통칭할 수 있었다. 그러나 후대에는 명칭이 다음과 같이 구별되었다. 월과(越瓜, 오이의 일종)처럼 길쭉하고 머리에서 꼬리까지 모양이 일정한 박을 '호(瓠)'라 한다. 호(瓠) 중에 한 쪽 끝에 배가 볼록하게 나오고 자루가 긴 박을 '현호(懸瓠)'라 한다.

古則壺、瓠、匏三者皆可通稱. 後世以長如越瓜, 首尾如一者爲"瓠", 瓠之一頭有腹長柄者爲"懸瓠".

자루가 없고 둥글고 크며 모양이 납작한 박을 '포(匏)'라 한다. 포(匏) 중에 자루가 짧고 배가 큰 박을 '호(壺)'라 한다. 호(壺) 중에 허리가 잘록한 박을 '포로(蒲盧, 조롱박)'라 한다. 포로에는 큰 포로와 작은 포로 2종이 있다】

無柄而圓大形扁者爲"匏", 匏之有短柄大腹者爲"壺", 壺之細腰者爲"蒲盧". 有大、小二種】

2) 심는 시기

時候

1월에는 박을 심을 수 있다. 6월에는 겨울용 박고지[5]를 비축해 놓을 수 있다. 8월에는 박을 타서 이듬해에 쓸 바가지를 만들어 비축해 둘 수 있다. 《사민월령(四民月令)》[6]

正月可種瓠, 六月可畜瓠, 八月可斷瓠, 作蓄[1]瓠. 《四民月令》

2월에는 오이와 박을 심을 수 있다. 《가정법(家政法)[7]》[8]

二月可種瓜、瓠. 《家政法》

박 및 조롱박(호리병박)은 모두 날씨가 맑은 날에 심어야 한다. 새벽마다 맑은 똥거름물을 준다. 2월 하순에 옮겨 심으면 5월 중순에 열매를 맺는다. 만

瓠及葫蘆, 俱宜天晴日中下種. 每晨以淸糞水澆之. 二月下旬栽, 則五月中旬結

바가지(국립민속박물관)

5 박고지: 다 여물지 않은 박의 열매살을 긴 끈모양으로 썰어서 말린 반찬거리. 겨울에 먹을 채소반찬으로 미리 만들어 두는 반찬거리 가운데 하나이다.

6 출전 확인 안 됨;《齊民要術》卷2〈種瓠〉第15(《齊民要術校釋》, 167쪽).

7 가정법(家政法): 중국 한(漢)대에서 남북조(南北朝) 시기 사이에 지어진 것으로 추정되는 농서. 작자는 미상이다. 중국과 우리나라 농서에 많이 인용되어 있다.

8 출전 확인 안 됨;《齊民要術》, 위와 같은 곳.

[1] 蓄: 저본에는 "畜". 《齊民要術·種瓠》에 근거하여 수정.

박덩굴(임원경제연구소, 경주시 손곡동에서 촬영)

약 3월에 심는다면 열매 맺는 시기가 너무 늦어질 것이다. 《군방보》[9]

實. 若三月種, 則太遲矣. 《群芳譜》

2월 하순 날씨가 맑은 날에 심는다. 《구선신은서(臞仙神隱書)[10]》[11]

二月下旬天晴日中種之. 《臞仙神隱書》

박은 서리를 두려워하기 때문에 3월 중 서리 기운이 없어진 뒤라야 비로소 심을 수 있다. 《산림경제보(山林經濟補)》[12]

瓠畏霜, 三月間無霜氣, 始可種. 《山林經濟補》

---

9 《二如亭群芳譜》〈亨部〉第3 "蔬譜" 2 '葫蘆'(《四庫全書存目叢書補編》80, 340쪽); 《廣群芳譜》卷17 〈蔬譜〉"壺盧", 406쪽.

10 구선신은서(臞仙神隱書): 중국 명(明)나라 태조 주원장의 제17자인 주권(朱權, 1378~1448)이 신선(神仙)·은돈(隱遁)·섭생(攝生) 등을 다룬 의서. 구선(臞仙)은 주권의 호(號)이다.

11 《臞仙神隱書》〈二月〉"蒔種"(《四庫全書存目叢書》260, 44쪽).

12 출전 확인 안 됨; 《山林經濟》卷1 〈治圃〉"種匏"(《農書》2, 148쪽).

조롱박은 피안(彼岸)[13]에 심고, 입하 전후에 옮겨 심는다. 《화한삼재도회(和漢三才圖會)》[14]

壺盧彼岸中下種, 立夏前後移種. 《和漢三才圖會》

13 피안(彼岸):춘분 전후 7일과 추분 전후 7일을 가리키는 말이다. 불교의 영향으로 일본에서 이때를 안정의 기간으로 보아서 사찰에서는 공양을 올리고 민간에서는 성묘를 하거나 제사를 지낸다. 원래는 삶과 죽음이 있는 차안(此岸)의 세계와 대비되는 열반의 세계를 뜻한다. 여기서는 겨울 추위가 완전히 끝나고 완연한 봄이 시작되는 시기를 표현하는 말로 전용되어, 춘분 전후 7일의 의미로 쓰였다.

14 《和漢三才圖會》卷100 〈蓏菜類〉 "壺盧"(《倭漢三才圖會》 12, 126쪽).

3) 심기와 가꾸기

種藝

일반적으로 박 심는 법은 오이 심는 법과 같다. 덩굴이 길어지면 시렁을 만들어 덩굴을 뻗도록 해 준다. 《왕정농서》[15]

凡種瓠如瓜法. 蔓長則作架引之. 《王氏農書》

심는 법: 1월에 미리 똥거름을 재흙과 섞고 이를 구덩이 하나에 채운다. 흙이 뜨거운 열을 다 발산하면 체로 친 다음 동이에 이 흙을 채운다. 여기에 씨앗을 심은 다음 항상 물을 뿌려 준다. 낮에는 햇볕을 쬐어 따뜻하게 하고, 밤에는 따뜻한 곳에 거두어 둔다.

種法: 正月預以糞和灰土, 實塡作一坑. 候土發過熱, 篩過, 以盆盛土, 種子, 常灑水. 日曬暖, 夜收暖處.

싹이 틀 때를 기다렸다가 싹이 나오면 기름진 땅에 나누어 심는다. 항상 맑은 똥거름물을 대 준다. 위쪽은 낮은 나무시렁으로 덮어 준다. 자라면 뿌리에 묻은 흙째 다시 옮겨 심는다. 덩굴을 뻗고 열매를 맺으면, 열매가 열린 줄기 외의 다른 줄기는 질러 제거한다. 《군방보》[16]

候生甲時, 分種于肥地, 常以淸糞水灌澆, 上用低棚蓋之. 待長, 帶土移栽. 俟引蔓結子, 子外之條, 掐[2]去之. 《群芳譜》

길이가 0.1척 정도일 때, 호미로 구덩이를 파고 한 구덩이에 한 포기씩 나누어 심는다. 이른 아침마다 똥거름물을 주고, 가물면 이른 아침과 저녁 무렵에 모두 물을 준다. 덩굴이 길게 자라면 막대기를

長寸許, 鋤穴, 分栽一穴一藤. 每早澆以糞水[3], 旱則早晩皆澆. 蔓長, 用棍上棚. 《閑情錄》

---

15 《王禎農書》〈百穀譜〉3 "蓏屬" '瓠', 98쪽.

16 《二如亭群芳譜》〈亨部〉第3 "蔬譜" 2 '葫蘆'(《四庫全書存目叢書補編》80, 340쪽); 《廣群芳譜》卷17 〈蔬譜〉"壺盧", 406쪽.

[2] 掐: 《二如亭群芳譜·亨部·蔬譜》에는 "掐".

[3] 糞水: 《閑情錄·習儉》에는 "淸糞水".

타고 덩굴이 시렁에 올라가게 해 준다. 《한정록》[17]

조롱박은 그 모습이 비치는 물가에 심어 주면 절로 반듯하게 열린다. 《물류상감지(物類相感志)》[18]

葫蘆照水種, 自正. 《物類相感志》

박은 단단하면서도 기름진 땅이 좋다. 구덩이를 파고 누에똥이나 생 소똥을 흙과 섞어서 구덩이 속에 넣어 준다. 그런 다음 충분히 발로 밟아서 땅을 단단하게 만든다. 여기에 물을 부어 주고 물기가 마르기를 기다렸다가 심으면 박이 단단하게 맺힌다.

匏宜剛肥地. 掘坑, 蠶沙或生牛糞和土, 納坑中, 足蹋令堅. 水沃候乾, 下種則結實堅.

만약 낮고 습하거나 지나치게 기름진 땅이면 열매가 대부분 연해진다. 이런 박은 먹을 수는 있어도 용기로 쓰기에는 적합하지 않다.

若下濕或大肥之地, 子多軟, 只堪食, 不中於器.

덩굴이 초가지붕 위로 뻗어 올라가면 지붕에서 물이 새게 된다. 기와지붕 위로 뻗어 올라가면 박 열매가 야위고 손상된다. 땅 위로 뻗으면 박 열매가 단단하지 않다.

延蔓上茅屋, 則致屋滲漏. 上瓦屋則其實瘦[4]損, 臥地上則實不堅.

그러므로 울타리 위로 뻗어 올라가게 해 주거나 혹은 작대기나 시렁을 타고 올라가게 해 주어야 한다. 열매를 맺으면 볏짚으로 둥근 테를 만들어 박을 받치고 잡아 주면 모양이 둥글고 바르게 된다. 《증보산림경제》[19]

宜上籬落, 或緣柴、棚. 待結實, 用稿圈承護則圓正.[5] 《增補山林經濟》

---

17 《閑情錄》〈習儉〉(《農書》 1, 111쪽).

18 《說郛》 卷22 下 〈物類相感志〉 "花竹"(《文淵閣四庫全書》 877, 296쪽).

19 《增補山林經濟》 卷6 〈治圃〉 "瓠"(《農書》 3, 405쪽).

[4] 瘦:《增補山林經濟·治圃·瓠》에는 "曝".

[5] 圓正:《增補山林經濟》에는 "圓正善堅"(善堅은 단단하게 잘 여문다는 뜻).

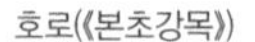
호로(《본초강목》)

호박이 땅에 닿아 생긴 부스럼 같은 자국

4) 박 구종법

區種瓠法

박을 심는 법은 다음과 같다. 3월에 좋은 밭 10묘(畝)를 간다. 구덩이를 파되, 구덩이마다 사방의 길이와 깊이는 1척이 되도록 한다. 공이로 구덩이 바닥을 다져서 구덩이에 물기가 남을 수 있게 한다. 구덩이들 사이의 거리는 1보(步, 5척)로 한다.

種瓠之法: 以三月耕良田十畝, 作區, 方、深一尺. 以杵築之, 令可居澤. 相去一步.

구덩이 안에는 씨앗 4개씩을 심는다. 이때 누에똥 1두를 흙거름과 섞어 넣는다. 구덩이에 물 2승을 부어 준다. 마른 구덩이에는 다시 물을 부어 준다.

區種四實, 蠶矢一斗, 與土糞合. 澆之水二升, 所乾處, 復澆之.

한 그루에 3개의 열매가 열리면, 말채찍으로 중심 줄기의 끝을 치고 잘라 덩굴이 더 뻗어나가지 못하게 한다. 이는 열매가 많으면 박이 작기 때문이다. 볏짚을 그 아래에 깔아 준다. 박의 밑면이 흙에 맞닿아 생기는, 부스럼 같이 울퉁불퉁한 흉터가 없게 하기 위해서이다.

著三實, 以馬箠敎其心, 勿令蔓延. 多實, 實細. 以稿薦其下, 無令親土多瘡瘢.

바가지를 만들 만한 크기가 되었다고 판단되면 손으로 박을 꼭지부터 밑동까지 쓰다듬어서 껍질의

度可作瓢, 以手摩其實, 從蔕至底, 去其毛, 不復長

솜털을 제거한다. 그러면 박은 더 이상 자라거나 두꺼워지지 않는다. 8월에 무서리가 살짝 내리면 수확한다.

且厚. 八月微霜下, 收取.

땅을 10척 깊이로 파서, 볏짚을 구덩이 바닥 사방 주변에 깐다. 볏짚 두께는 각각 1척이 되도록 한다. 그런 다음 박 열매를 구덩이 안에 둔다. 이때 박의 밑동이 아래로 향하게 한다. 박을 한 줄로 놓고, 그 위에 흙을 2척 두께로 덮는다.

掘地深一丈, 薦以稿四邊, 各厚一尺. 以實置孔中, 令底下向. 瓠一行, 覆上土厚二[6]尺.

이렇게 20일이 지나 꺼내면 보기 좋은 황색으로 변해 있다. 이놈들을 타서 표주박을 만든다. 박의 하얀 속은 돼지를 먹여 살찌우고, 박씨는 등잔의 재료로 만들어 불을 밝힌다.[20]

二十日出, 黃色好, 破以爲瓢. 其中白膚, 以養豬致肥; 其瓣, 以作燭致明.

한 그루에 열매가 3개 열리면, 한 구덩이에 12개의 열매가 열린다. 이것을 기준으로 계산해 보면 1묘에서 2,880개의 열매를 얻고[21], 10묘에서는 모두 57,600개(10묘의 박 28,800개를 반으로 쪼개서 만든 수)의 표주박을 얻는다. 표주박 1개에 10전이므로, 환산한 값은 총 576,000문(文)[22]이다.

一本三實, 一區十二實, 一畝得二千八百八十實, 十畝凡得五萬七千六百瓢. 瓢[7]十錢, 幷直五十七萬六千文.

박을 키우는 데 쓴 누에똥 200석 값과 소밭갈이 노임비의 합인 26,000문을 쓰면 남는 이익이

用蠶矢二百石、牛耕功力直二萬六千文, 餘有五十五

20 박씨는……밝힌다 : 기름기를 함유하고 있는 박의 종자를 섞어 짜서 등불 기름으로 쓰는 것을 말한다. 《제민요술》에서는 '燭'을 횃불로 보았다.

21 1묘에서……얻고 : 이 기사의 첫 대목에서 구덩이들 사이의 거리를 1보로 한다고 했다. 이 기사의 출처인 《범승지서》가 실린 《제민요술》에서 사용한 척법은 1보=5척(길이), 1묘=240보²(넓이)이다. 이를 여기에 적용하면 1묘인 240보²에는, 1보²당 한 구덩이로 파기 때문에, 240개의 구덩이가 있다. 따라서 1묘에서 얻는 열매의 수는, 240×12(개)=2,880(개)이 된다.

22 문(文) : 화폐의 단위. 10문이 1전(錢)이다.

[6] 二 : 《齊民要術·種瓜》에는 "三".

[7] 瓢 : 《齊民要術·種瓜》에는 "瓢直".

550,000전이다. 돼지에게 먹여 살찌우고 등잔을 밝히는 데서 얻은 이익은 이 이익의 밖에 따로 있다. 《범승지서(氾勝之書)》[23]

萬. 肥豬明燭利在其外. 《氾勝之書》

박꽃

애박(이상 임원경제연구소, 경주시 손곡동에서 촬영)

23 출전 확인 안 됨; 《齊民要術》 卷2 〈種瓜〉 第15(《齊民要術校釋》, 166~167쪽).

5) 줄기 접붙이는 법

接莖法

종자 거두기는 큰 박의 씨앗으로 해야 한다. 만약 앞서 1두크기 박에서 얻어 둔 씨를 심으면 그 10배인 1석들이의 박을 거둘 수 있다. 1석크기 박에서 얻어 둔 씨를 심으면 10석들이의 박을 거둘 수 있다.

收種子須大者. 若先受一斗者, 得收一石; 受一石者, 得收十石.

먼저 땅을 파서 구덩이를 만든다. 그 둘레와 깊이는 각각 3척으로 한다. 여기에 누에똥과 흙을 서로 섞는다. 이때 그 비율은 반반으로 한다【주 만약 누에똥이 없으면 생 소똥도 된다】.

先掘地作坑, 方圓、深各三尺, 用蠶沙與土相和, 令中半【注 若無蠶沙, 生牛糞亦得】.

이것을 구덩이 속에 넣은 뒤 발로 밟아 단단하게 다지고, 물을 부어 준다. 물이 다 스며들면 바로 박씨 10개를 심은 다음 다시 앞의 거름으로 덮는다.

著坑中, 足躡令堅, 以水沃之. 候水盡, 卽下瓠子十顆, 復以前糞覆之.

심은 박씨에 싹이 나서 2척 남짓 자라면, 줄기 10개를 한 곳에 모은 다음 땅에서 0.5척 정도 떨어진 곳을 베로 묶고 묶은 부분에 다시 진흙을 발라 준다. 그러면 며칠 지나지 않아 묶어 둔 부분이 바로 합해져서 한 줄기가 되어 있다.

旣生, 長二尺餘, 便總聚十莖一處, 以布纏之五寸許, 復用泥泥之. 不過數日, 纏處便合爲一莖.

그러면 상태가 건강한 줄기 하나만 남기고 나머지는 모두 질러 준다. 남긴 덩굴이 뻗으며 열매를 맺으면 열매가 달린 줄기 외의 나머지 줄기 역시 질러 주어 쓸데없이 뻗어나가지 않도록 한다.

留强者, 餘悉搯[8]去, 引蔓結子, 子外之條亦搯[9]去之, 勿令蔓延.

열매 남기는 법은 다음과 같다. 처음 1~3번째 열린 놈은 좋지 못하므로 제거해 버리고, 4~6번째 열린 놈을 취해 남겨 둔다. 구덩이마다 3개의 박 열매

留子法: 初生、二、三子不佳, 去之, 取第四、五、六. 區留三子卽足.

[8] 搯:《齊民要術·種瓜》에는 "掐".
[9] 搯:《齊民要術·種瓜》에는 "掐".

만 남기면 충분하다.

가물 때는 물을 대 주어야 한다. 구덩이 주변에 빙 둘러서 작은 도랑을 만들되, 깊이는 0.4~0.5척으로 한다. 거기에 물을 저장해 두어 먼 데서부터 물이 스며들어 가도록 한다. 구덩이 안에 직접 물을 주어서는 안 된다.

旱時須澆之, 坑畔周匝小渠子, 深四五寸, 以水停之, 令其遙潤, 不得坑中下水.

【농정전서[24] 풀이든 나무이든 상관없이, 일반적으로 뿌리그루가 큰 식물은 모두 뿌리와는 먼 데서 거름을 주고 먼 데서 물을 주어 스며들게 해야 한다】《범승지서(氾勝之書)》[25]

【農政全書 不論草、木本, 凡根株大者, 俱宜遙肥遙潤】《氾勝之書》

큰 조롱박 재배하는 법은 다음과 같다. 2월초에 땅을 파서 구덩이를 만든다. 이때 사방 둘레는 4~5척이고, 깊이도 이와 같이 한다. 여기에 참깨짚이나 녹두짚 및 썩힌 풀 등을 채워 넣는다. 이때 한 겹은 똥거름흙을 깔고 한 겹은 풀 등을 깐다. 이와 같이 4~5겹을 깔아서, 깐 흙과 풀더미가 구덩이 위로 1척 남짓 올라오면 거름흙으로 덮는다.

種大葫蘆法: 二月初掘地作坑, 方四五尺, 深亦如之. 實填油麻、菉豆藍及爛草等, 一重糞土, 一重草. 如此四五重, 向上尺餘, 着糞土.

여기에 10여 개 남짓[來][26]의 박씨를 심고 싹이 나면 굵고 좋은 줄기 4개를 골라, 두 줄기씩 서로 접붙인다. 이때 서로 붙일 부분은 대나무칼로 줄기 반쪽의 껍질을 깎아 낸다. 줄기의 깎인 부분을 서로 붙

種十來顆子, 待生後, 揀取四莖肥好者, 每兩莖相貼着. 相貼處, 以竹刀子削去半皮, 以刮處相貼, 用麻皮

24 《農政全書》卷27〈樹藝〉"蓏部" '瓠'(《農政全書校注》, 677쪽).

25 출전 확인 안 됨; 《齊民要術》卷2〈種瓜〉第15(《齊民要術校釋》, 167쪽).

26 남짓[來]: 원문의 "래(來)"를 '여(餘)'의 뜻으로 보고 옮겼다. 《農政全書·樹藝·蓏部·瓠》에는 "來"로 표기되어 있다. 반면 후대의 책인 《御定月令輯要·正月令·民用》에 인용된 《增山居要錄》의 위와 같은 내용을 보면 '來'가 '餘'로 되어 있다. 같은 의미로 혼용하였을 것으로 판단하여 《增山居要錄》을 따랐다.

인 다음 삼껍질로 꽁꽁 싸매 고정시킨다. 이어서 황토진흙으로 봉하고 싸 주는 방식은 한결같이 나무 접붙이는 법대로 한다.

纏縛定, 黃泥封裹, 一如接樹之法.

서로 붙어 살아난 뒤에는 각각 줄기의 한 쪽 끝을 제거한다. 또 위와 같이 붙여 살아남은 줄기 2개를, 앞의 방식을 기준으로 줄기 반쪽의 껍질을 깎아 내고 서로 붙이되, 한결같이 앞의 법대로 한다. 붙인 줄기가 살아난 뒤에는 오직 한 줄기만 남긴다. 이렇게 하면 줄기 4개가 합쳐져 한 포기가 된다.

待相著活後, 各除一頭. 又取所活兩莖, 準前刮去皮相著, 一如前法. 待活後, 唯留一莖, 四莖合爲一本.

이 줄기에 박이 맺히면 박 2개를 고른다. 이때 모양이 두루 바르고, 좋고 큰 박을 고른다. 나머지 박은 달리는 대로 그때그때 따서 요리해 먹는다. 이와 같이 하면, 1두(斗)들이 박의 종자가 자라 1석(石)들이 박이 될 수 있다.

待著子, 揀取兩個, 周正、好大者. 餘者, 旋旋除去食之. 如此, 一斗種, 可變爲盛一石大.

【색경(穡經)[27][28] 좋은 줄기마다 굳이 다 접붙일 필요는 없다. 박줄기 4개만 남겨 두고, 열매가 열린 뒤에는 2개의 큰 박을 골라 남겨 둔다. 나머지는 그때그때 따서 먹는다. 이 법으로도 큰 박을 얻을 수 있다】

【穡經 箇好[10]不必貼接. 只留四莖, 着子後, 揀留兩大者. 餘旋旋除去食之, 亦可得大瓠[11]】

일반적으로 박 종자를 거둘 때는 먼저 9월에 박이 황색으로 익었을 때 딴다. 박을 탄 다음, 박씨를 물로 일어 부유물은 제거하고, 햇볕에 쬐어 말린다.

凡收種, 于九月黃熟時摘取. 劈開, 水淘, 洗去浮者, 曝乾. 至春二月, 種如

27 색경(穡經):조선 후기 문신이자 학자인 박세당(朴世堂, 1629~1703)이 지방의 농경법을 연구하여 1676년에 저술한 농업서. 상권에는 토지·농작물·과일·화훼·가축 등을 다루었고, 하권에는 양상(養桑)과 양잠경(養蠶經)으로 크게 나누어 자세히 다루었다.

28 《穡經》上〈種諸瓜菜法〉"瓠"(《農書》1, 340~341쪽).

[10] 箇好:《穡經·種諸瓜菜法·瓠》에는 아래의 '揀留兩'과 '大者' 사이에 있음.

[11] 亦可得大瓠:《穡經·種諸瓜菜法·瓠》에는 없음.

이듬해 봄 2월이 되면 아욱 심는 법과 같이 심는다. 항상 물을 대 주어서 촉촉하게 해 준다. 가물면 말라 죽는다. 4~5장의 잎이 나면 높이가 0.5척 정도 된다. 이 박포기를 골라 흙째 옮겨 심는다.《사시유요(四時類要)》[29]

葵法. 常澆潤之, 旱卽[12]乾死. 俟着四五葉, 高可五寸許, 帶土移栽之.《四時類要》

6) 기이한 모양의 조롱박으로 재배하는 법

種異樣胡盧法

일찍이 조롱박을 보니, 대부분은 네모난 박이었다. 또 돌기가 글자 모양을 이루어 시 한 수가 되는 박도 있었다. 이는 박이 생겨날 때 박에 미리 판을 끼워서 그런 모양을 만들었기 때문이므로, 이상하게 여길 만한 일은 아니다.

曾見葫盧, 多有方者, 又有突起成字, 爲一首詩. 蓋生時, 板夾使然, 不足異也.

또 다른 한 종류의 조롱박을 보니, 그 모양이 매우 길고 목 부분이 꼬여 열린 모양이 새끼끈과 같았다. 혹자는 "소주를 뿌리에 부어 주면, 박이 연해진다. 이를 꼬아 꼬인 박을 맺게 할 수 있다."라 했다.《오잡조(五雜組)[30]》[31]

又[13]見一葫盧, 甚長而拗其頸, 結之若繩狀. 或云: "以燒酒沃之, 則軟而可結也."《五雜組》

조롱박 옆에 색비름[全紅大莧][32]【민간에서는 '당

胡盧傍種全紅大莧【俗呼

---

29 《사시찬요 역주》 권2 〈이월〉 "농경과 생활" '큰 호리병 파종하기', 180~182쪽;《農政全書》 卷27 〈樹藝〉 "蓏部" '瓠'(《農政全書校注》, 677~678쪽).

30 오잡조(五雜組):중국 명나라 박물학자인 사조제(謝肇淛, 1567~1624)가 편찬한 책. 천부(天部)·지부(地部)·인부(人部)·물부(物部)·사부(事部)로 구성되어 있다.

31 《五雜組》 卷10 〈物部〉 2, 143쪽.

32 색비름[全紅大莧]:비름과의 한해살이풀. 보통 비름과 달리 가을이 되면 색깔이 붉어지는 것이 특징이다. 원래는 색비름[紅大莧]이라고 하나 여러 색이 아니라 홍색 일색인 경우라서 전(全)을 붙인 것으로 보인다. 당비름이라고도 한다.《임원경제지 예원지》 권4 〈훼류(관엽류)〉 "노소년(老少年, 색비름)"(풍석 서유구 지음, 임원경제연구소 옮김,《임원경제지 예원지》 2, 61~63쪽)에 자세히 보인다.

[12] 卽:저본에는 "旣".《農政全書·樹藝·蓏部》에 근거하여 수정.

[13] 又:《五雜組·物部》에는 "於閔中".

가을이 되어 붉어진 색비름

파두열매

(唐)비름'이라 한다】을 심는다. 조롱박덩굴이 뻗어 나오면, 색비름줄기와 조롱박덩굴 양쪽의 껍질을 깎아서 마주 붙인다. 그런 다음 삼끈으로 싸매어 흔들리지 않게 고정해 준다. 그러면 붉은 조롱박이 열리는데, 그 색이 매우 선명하다. 《증보산림경제》[33]

"唐비름"】. 待胡盧引蔓, 刮兩皮合接, 以麻繩纏[14]裹, 勿令動搖, 則結紅胡盧, 甚鮮[15]. 《增補山林經濟》

작은 박이 처음 맺힐 때 잔[杯]을 박 밑에 받쳐 놓고 다른 물건으로 박을 눌러 놓으면 이 박이 자라면서 잔 모양이 된다. 《증보산림경제》[34]

小瓠初結時, 以杯置其下, 以物壓之, 則成杯形. 同上

7) 목이 긴 조롱박으로 재배하는 법

種長頸葫盧法

큰 조롱박 심는 법과 같다. 머리가 긴 박이 열리게 하고 싶으면, 조롱박열매가 열린 다음 연할 때 그 뿌리 아래의 흙을 한 쪽만 파낸다. 뿌리의 대가

如種大葫盧法. 如欲將長頭打結, 待葫蘆生成, 趁嫩時, 將其根下土, 挖去一

33 《增補山林經濟》 卷6 〈治圃〉 "大胡盧種法"(《農書》 3, 406쪽).
34 《增補山林經濟》 卷6 〈治圃〉 "大胡盧種法"(《農書》 3, 406~407쪽).
[14] 繩纏: 《增補山林經濟·治圃·大胡盧種法》에는 "葉".
[15] 鮮: 《增補山林經濟·治圃·大胡盧種法》에는 "妙".

리 부분을 살짝 갈라서 파두(巴豆)[35]의 열매살 한 알을 뿌리의 안쪽에 밀어 넣어 뿌리 속에 들어가게 한다. 이어서 흙으로 그 뿌리를 덮어 준다.

邊. 却輕擘開根頭, 搯入巴頭肉一粒[16], 在根裏, 仍將土罨其根.

2~3일이 지나면 뿌리와 덩굴과 잎이 모두 연해지고 시들어서 죽을 듯한 상태가 된다. 이때 임의대로 조롱박을 끈처럼 길게 늘이거나 고리처럼 둥그렇게 만든다. 이어서 뿌리 속에 넣어 둔 파두를 제거한다.

俟二三日, 通根、藤、葉俱軟敝欲死, 却任意將葫蘆, 結成條、環等式, 仍取去根中巴豆.

그런 다음 햇볕을 오래 쪼이고 뿌리를 북주고 물을 대 준다. 이렇게 며칠이 지나면 다시 예전처럼 싱싱하게 살아난다. 박이 익기를 기다려 거둔다. 《군방보》[36]

照舊培澆. 過數日, 復鮮如故. 俟老, 收之. 《群芳譜》

8) 물주기와 거름주기

澆壅

매일 이른 아침 맑은 똥거름물을 준다. 《구선신은서》[37]

每日早, 以淸糞[17]澆之. 《臞仙神隱書》

9) 주의사항

宜忌

박은 소가 그 싹을 밟으면 열매가 쓰다. 《유양잡조》[38]

瓠, 牛踐苗則子苦. 《酉陽雜俎》

---

35 파두(巴豆): 대극과의 상록 활엽 관목. 높이는 6~10미터이다. 잎은 어긋나고 달걀 모양이며, 가장자리에 톱니가 있다. 암수한그루로 3~5월에 녹색 꽃이 피는데 수꽃이 위에, 암꽃이 아래에 핀다. 열대아시아가 원산지로 중국 남부, 대만 이남 등지에 분포한다.

36 《二如亭群芳譜》〈亨部〉第3 "蔬譜" 2 '葫蘆'(《四庫全書存目叢書補編》80, 340쪽); 《廣群芳譜》卷17 〈蔬譜〉 "壺盧", 407쪽.

37 《臞仙神隱書》〈二月〉 "蒔種"(《四庫全書存目叢書》260, 44쪽).

38 《酉陽雜俎》卷11 〈廣知〉(《叢書集成初編》277, 84쪽).

[16] 粒: 저본에는 "粒". 오사카본·《二如亭群芳譜·亨部·蔬譜》에 근거하여 수정.

[17] 糞: 《臞仙神隱書·二月·蒔種》에는 "糞水".

10) 쓰임새

功用

박의 속성은 연달아 열려 아무리 따 먹어도 끝없으니, 가장 훌륭한 채소이다. 익혀 요리했을 때 어울리지 않는 음식이 없다. 올바른 법대로 심었으면 박이 두(斗, 말)나 석(石, 섬)들이로 자란다. 큰 박은 옹기나 동이 삼아 쓰고, 작은 박은 표주박이나 구기[杓][39]를 만든다.

瓠之爲物也, 纍然而生, 食之無窮, 最爲佳蔬, 飪烹無不宜者. 種如其法, 則其實斗、石, 大之爲甕、盎, 小之爲瓢杓.

박속은 돼지에게 먹일 수 있고, 박씨는 기름을 짜서 등잔에 부어 쓸 수 있기 때문에 버릴 점이 전혀 없다. 그러니 세상을 구제하는 박의 공이 크다.《왕정농서》[40]

膚瓤可以喂猪, 犀瓣可以灌燭, 咸無棄材, 濟世之功大矣.《王氏農書》

11) 편포(扁蒲) 재배법

種扁蒲法

편포(扁蒲)라는 한 종은 그 바탕이 조롱박과 비슷하다. 편포의 윗 꼭지는 뾰족하고 작으며 아래로 갈수록 점점 커지면서 많이 볼록한 모양이다. 가을 초반에 거두어 둔다.

一種扁蒲, 質似胡盧. 上蔕尖小, 以下漸大, 形多彎者. 秋初收子.

겨울이 끝나갈 때 땅을 호미질해 주고 숙성된 똥거름을 준다. 2월에 다시 호미질로 구멍을 파서 씨앗을 심는다. 이때 구멍마다 2~3알의 씨앗을 심고 토박한 흙으로 덮어 준다. 4월이면 박을 따 먹을 수 있다. 맛 역시 평이하고 담박하다.《증보도주공서(增補陶朱公書)》[41]

冬盡鋤地糞酵. 二月再鋤, 打穴下子, 每穴二三粒, 蓋以薄土. 四月可採, 味亦平淡也.《增補陶朱公書》

---

39 구기[杓]: 작은 박에 자루를 달아 물이나 술을 뜨는 도구.

40 《王禎農書》〈百穀譜〉 3 "蓏屬" '瓠', 98쪽; 《農政全書》 卷27 〈樹藝〉 "蓏部" '瓠'(《農政全書校注》, 676쪽).

41 출전 확인 안 됨.

7. 가지[茄][1]

茄

1) 이름과 품종

일명 '낙소(落蘇)', '곤륜과(崑崙瓜)', '초별갑(草鱉甲)'이다.[2]

【 도경본초 [3] 단성식(段成式)[4]은 "가(茄)는 음이 가(加)이며, 바로 연줄기의 명칭이다."[5][6]라 했다.

본초강목 [7] 《오대이자록(五代貽子錄)》[8]에 "낙소(落蘇)는 '약소(略酥)'로도 쓴다. 그 까닭은 맛이 소락(酥酪, 유제품의 일종)과 서로 비슷하기 때문이다."[9]라 하였다.

名品

一名"落蘇", 一名"崑崙瓜", 一名"草鱉甲".

【 圖經本草 段成式云: "茄, 音加, 乃蓮莖之名."

本草綱目 《五代貽子錄》: "落蘇, 作'略酥', 以其味相似也." 杜寶[1]《拾遺錄》云:

---

1 가지[茄]: 쌍떡잎식물 통화식물목 가지과의 한해살이풀. 인도 원산지이며, 열대에서 온대 지역에 걸쳐 재배된다. 풍석 서유구 지음, 임원경제연구소 옮김, 위와 같은 책, 218~219쪽과 함께 참조 바람.

2 일명……초별갑(草鱉甲)이다: 《本草綱目》 卷28 〈菜部〉 "茄", 1689쪽에 보인다.

3 《圖經本草》 卷17 〈菜部〉 "茄子"(《本草圖經》, 590쪽).

4 단성식(段成式): 803~863. 중국 당(唐)나라 학자. 《유양잡조(酉陽雜俎)》를 지었다.

5 가(茄)는……명칭이다: 옛날부터 연은 부위에 따라 각각 다른 명칭이 있었다. 연잎은 하(蕸), 연줄기는 가(茄), 연꽃은 함담(菡萏), 연열매는 연(蓮), 연뿌리는 우(藕) 등등이다. 《爾雅》 卷8 〈釋草〉(《十三經注疏整理本》 24, 274쪽 참조.

6 가(茄)는……이름이다: 《酉陽雜俎》 卷19 〈廣東植類〉 "草篇"(《叢書集成初編》 277, 158쪽).

7 《本草綱目》 卷28 〈菜部〉 "茄", 1689쪽.

8 오대이자록(五代貽子錄): 저자 미상. 가문에서 어린 자손들에게 가르쳐 줄 사항을 적어 대대로 내려 주는, 생활 전반에 대한 지식을 담은 책으로 추정된다. 《용재수필(容齋隨筆)·속필(續筆)》 권13 〈이자록(貽子錄)〉(《文淵閣四庫全書》 851, 504쪽)에 '이자록'이라는 명칭이 붙은 책의 유형을 짐작할 수 있는 내용이 소개되어 있다.

9 낙소(落蘇)는…… 때문이다: 출전 확인 안 됨.

[1] 寶: 저본에는 "實". 《本草綱目·菜部·茄》에 근거하여 수정.

가지 모종(파주시 월롱면 덕은리에서 촬영)

싹튼 가지(국립원예특작과학원에서 촬영)

시장에 나온 가지(이상 임원경제연구소, 파주시 금촌동 통일 시장에서 촬영)

가지(김재광)

두보(杜寶)[10]의 《대업습유록(大業拾遺錄)》[11]에서는, "수(隋)나라 양제(煬帝)가 가지의 가(茄)를 고쳐 '곤륜자과(崑崙紫瓜, 곤륜에서 나는 자색오이)'[12]라 부르게 했다."[13]라 하였다.

"隋煬帝改茄曰'崑崙紫瓜'."

10 두보(杜寶) : ?~?. 중국 당(唐)나라 때 관리. 문장을 잘 하고 역사에 밝았다.

11 대업습유록(大業拾遺錄) : 중국 당(唐)나라 두보(杜寶)가 편찬한 책. 대업은 중국 수(隋)나라 양제(煬帝) 대에 사용한 연호(605~617)이다. 수나라 양제 대업 연간의 일을 기록한 책이다. 지금은 일실되어 전해지지 않는다. 《指海》 第3集 5 〈大業雜記〉에 그 내용의 일부가 보인다.

12 곤륜자과(崑崙紫瓜) : 티베트 쿤룬[崑崙, 곤륜] 지역을 통해 유입된 가지라서 이런 이름이 붙었다.

13 수(隋)나라……했다 : 출전 확인 안 됨; 《指海》 第3集 5 〈大業雜記〉(4年 2月).

왕규(王珪)[14]의 《태정양생주론(泰定養生主論)》[15]에 "학질치료방[治瘧方]에는 말린 가지를 쓴다. '가(茄)'자를 피휘하여 '초별갑(草鼈甲)'[16]이라 하였다. 가지가 한열(寒熱, 오한과 발열)을 치료할 수 있기 때문이다."[17]라 했다.

王隱君《養生主論》"治瘧方用乾茄. 諱名'草鼈甲', 以其能治寒熱也."

청가지[靑茄]·백가지[白茄]·자가지[紫茄]가 있다. 백가지는 또한 '은가지[銀茄]'라고도 한다. 청가지보나 맛이 더 낫다.

有靑茄、白茄、紫茄, 白茄亦名"銀茄", 更勝靑者.

왕정농서[18] 가지의 한 종인 '발해가지[渤海茄, 발해가]'

王氏農書 一種渤海茄, 白

가지(《본초강목》)

가지(《본초도경》)

가지(《식물명실도고》)

14 왕규(王珪):중국 원(元)나라 도사(道士). 호는 중양노인(中陽老人), 왕은군(王隱君). 의학과 환단술(還丹術)에 조예가 깊어 곤담환(滾痰丸, 담증을 치료하는 환약)을 제조했다. 속세에서 벗어나 오군(吳郡)의 우산(虞山)에서 은거했다. 저서로 《태정양생주론(泰定養生主論)》이 있다.

15 태정양생주론(泰定養生主論):왕규가 지은 의학서·도가서. 《본초강목》 등의 의학서에 그 내용이 많이 인용되어 있다.

16 초별갑(草鼈甲):가지의 약효 중에 한열(寒熱)을 치료하는 효능이 있다. 한열증은 별갑(鼈甲, 자라등껍데기)으로도 치료하므로 이 점 때문에 가지를 초별갑이라 한 것이다.

17 학질……때문이다:출전 확인 안 됨.

18 《王禎農書》〈百穀譜〉3 "蓏屬" '茄子', 103쪽;《農政全書》卷27〈樹藝〉"蓏部" '茄'(《農政全書校注》, 674쪽).

는 백색이며, 열매가 단단하다. 다른 한 종인 '번가지[番茄]'는 색이 백색이고, 모양은 납작하다. 맛은 달고 부드러우면서, 떫지도 않다. 생으로든 익혀서든 모두 먹을 수 있다. 다른 한 종인 '자주가지[紫茄]'는 자주색으로 꼭지가 길며 맛이 달다. 다른 한 종인 '물가지[水茄]'는 모양이 길며 맛이 달아, 갈증을 멈추게 할 수 있다.

色而堅實; 一種番茄, 白而扁, 甘脆不澁, 生熟可食; 一種紫茄, 形紫, 蔕長味甘; 一種水茄, 形長味甘, 可以止渴.

용재수필(容齋隨筆)[19][20] 절강성(浙江省) 서쪽 지역의 보통 가지는 모두 껍질이 자색이다. 껍질이 백색인 가지는 물가지[水茄, 수가]이다. 반면 강서성(江西省)의 보통 가지는 모두 껍질이 백색이다. 껍질이 자색인 가지는 물가지이다. 이 또한 기이한 현상이다.

容齋隨筆 浙西常茄, 皆皮紫, 其皮[2]白者爲水茄; 江西常茄, 皆皮白, 其紫者爲水茄, 亦一異也.

안 우리 조선에서 나는 보통 가지에는 자색과 백색 2종류가 있다. 물가지에도 자색과 백색 2종류가 있다. 다만 물가지의 자색은 담자색(옅은보라색)일 뿐으로, 짙은 자색을 띠는 일반 가지와 같지 않다. 담자색 물가지는 맛이 특히 달고 시원해서 뛰어나기가 백색 물가지와 비슷하다.

按 吾東之産常茄有紫、白二種. 水茄有紫、白二種. 但水茄之紫者, 特淡紫爾, 不似常茄之深紫也. 淡紫茄, 味忒甜爽, 勝似白水茄.

구종석(寇宗奭)[21]이 말한 "신라국(新羅國)에서 나

寇宗奭所稱"新羅國一種

19 용재수필(容齋隨筆): 중국 남송(南宋)의 홍매(洪邁, 1123~1202)가 쓴 수필집이다. 홍매가 40년 동안 독서하며 얻은 지식을 그때마다 정리해 집대성한 책. 역사·문학·철학·정치 등 여러 분야의 고증과 평론을 엮은 학술적 내용의 필기다. 《용재수필》 16권, 《속필(續筆)》 16권, 《삼필(三筆)》 16권, 《사필(四筆)》 16권, 《오필(五筆)》 10권인 5부작으로 구성되어 있다.

20 《容齋隨筆》 四筆 卷5 〈禽畜菜茄色不同〉(《文淵閣四庫全書》 851, 699쪽).

21 구종석(寇宗奭): 중국 북송(北宋) 말기의 약물학자. 평생을 본초(本草) 연구에 바쳐 1119년에 《본초연의(本草衍義)》 20권을 저술하였다.

[2] 皮: 저본에는 없음. 《容齋隨筆·禽畜菜茄色不同》에 근거하여 보충.

가지꽃

가지(이상 임원경제연구소, 괴산군 감물면 구월리에서 촬영)

온 한 종류의 가지는 연한 광택이 나고 약간 자색이 다."[22]라 한 것이 아마도 바로 이것을 가리키는 듯하다. 그러나 땅이 척박하고 거름주기를 잘못하면, 물가지가 변하여 보통 가지가 된다】

茄, 淡光微紫色者", 疑卽指此也. 然地瘦壅失, 則水茄變爲常茄】

22 신라국(新羅國)에……자색이다:《本草衍義》卷19〈茄子〉, 146쪽;《本草綱目》卷28〈菜部〉"茄", 1689쪽.

가지(《왜한삼재도회》)

순천가지꽃

순천가지(이상 안철환)

2) 알맞은 토양

일반적으로 가지를 옮겨 심을 때 지난해 심었던 땅[彌地]에 다시 재배하기를 금한다【작년에 심은 땅에 올해 다시 같은 작물을 심은 땅을 '미지(彌地)'라 한다】. 만약 이 금기를 범하면, 갑자기 잎이 시들고 마른다. 한 그루가 말라 죽으면 곧 밭의 가지 전체가 말라 죽는다. 《화한삼재도회》[23]

土宜

凡栽茄忌彌地【去年栽之地, 當年復栽之者, 曰"彌地[3]"】. 如犯之, 不時葉凋枯. 如一株枯, 則圃中皆枯. 《和漢三才圖會》

3) 심는 시기

가지는 2월에 심고, 망종(芒種, 양력 6월 6·7일경) 전후에 옮겨 심는다. 《화한삼재도회》[24]

時候

茄二月下種, 芒種前後移栽. 《和漢三才圖會》

23 《和漢三才圖會》卷100 〈蓏菜類〉"茄子"(《倭漢三才圖會》12, 123쪽).

24 《和漢三才圖會》, 위와 같은 곳. 이상의 《화한삼재도회》에서 인용한 두 기사는 오사카본에서는 '4) 심기와 가꾸기' 항목에 하나의 기사로 수록된 뒤 이를 삭제하라는 표기만 되어 있다. 차후에 '2) 알맞은 토양'과 '3) 심는 시기' 항목을 새로 추가했으나, 오사카본에는 이와 같은 편집 지시는 보이지 않는다.

[3] 地: 저본에는 없음. 《和漢三才圖會·蓏菜類·茄子》에 근거하여 보충.

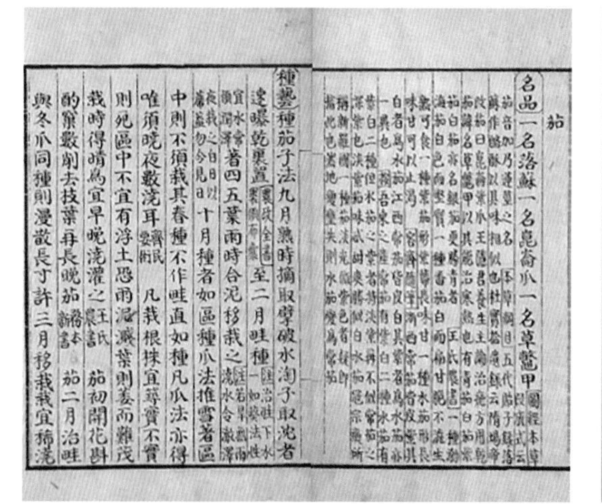
茄

名品 一名落蘇 一名崑崙瓜 一名草鼈甲

種藝 種茄子法 九月熟時摘取擘破水淘子取沈者

速曝乾裹置 至二月畦種

著四五葉雨時合泥移栽之

十月種者如區種瓜法推雪著區

中則不須栽其春種不作畦直如種凡瓜法亦得

唯須曉夜數澆耳 凡栽根抹宜尋實不實

則死區中不宜有浮土恐雨浥濺葉則萎而難茂

栽時得晴爲宜早晚澆灌之 茄初開花斟

酌窠數削去枝葉再長晩茄 茄二月治畦

與冬瓜同種則漫散長寸許三月移栽栽宜稀澆

오사카본에 '2) 알맞은 토양'과 '3) 심는 시기'가 빠져 있는 면

오사카본 '심기와 가꾸기' 항목에 위 두 기사를 수록하고 별도의 편집지시 없이 삭제 표시만 되어 있는 면(각주 24번과 함께 참조 바람)

4) 심기와 가꾸기

種藝

가지를 심는 법은 다음과 같다. 9월에 가지가 익었을 때 따서 속을 갈라 물에 씨를 인다. 이때 가라앉은 씨를 건져 빨리 햇볕에 쬐어 말린 다음 싸서 둔다【농정전서[25] 씨를 쌀 때는 베주머니를 써야 한다】.

種茄子法: 九月熟時摘取, 擘破水淘子. 取沈者, 速曝乾, 裹置【農政全書 裹須布囊】.

2월이 되면 휴전에 심는다【주 휴전 손질하기와 휴전에 물주기는 아욱 재배법과 같다. 가지의 본성에는 물이 좋으므로 항상 촉촉하게 적셔 주어야 한다】.

至二月, 畦種【注 治畦下水, 一如葵法. 性宜水, 常須潤澤】.

잎이 4~5장 나오면, 비가 올 때 뿌리 주위의 진흙과 함께 옮겨 심는다【주 만약 가물어 비가 오지 않으면, 물을 대어 흠뻑 적셔 준 다음, 밤에 옮겨 심는다. 그리고 대낮에는 자리로 덮어 해를 보지 않게

著四五葉, 雨時合泥移栽之【注 若旱無雨, 澆水令澈澤, 夜栽之. 白日以蓆蓋, 勿令見日】.

---

25 《農政全書》卷27〈樹藝〉"蓏部" '茄'(《農政全書校注》, 675쪽).

한다】.

10월에 가지 심는 법은 오이 구종법과 같다. 눈을 밀어 구덩이 안에 쌓아 주면 가지를 굳이 옮겨 심지 않아도 된다. 봄에 심는 경우에는 휴전을 만들지 않고, 다만 과류 심는 일반적인 법과 같이 심어도 된다. 오직 반드시 아침저녁으로 자주 물을 주어야 한다. 《제민요술》[26]

十月種者, 如區種瓜法. 推雪著區中, 則不須栽. 其春種, 不作畦, 直如種凡瓜法亦得. 唯須曉夜數澆耳. 《齊民要術》

일반적으로 가지모종을 옮겨 심을 때는 흙을 단단하게 다져 주어야 한다. 단단히 다져 주지 않으면 죽는다. 구덩이 안에 푸석푸석한 흙이 있어서는 안 된다. 비가 내려 그 진흙이 잎에 튀면, 잎이 시들어서 무성해지기 어려울까 걱정되기 때문이다. 옮겨 심을 때는 맑은 날이 좋다. 아침저녁으로 물을 준다. 《왕정농서》[27]

凡栽根株宜築實, 不實則死. 區中不宜有浮土, 恐雨泥濺葉, 則萎而難茂. 栽時得晴爲宜, 早晚澆灌之. 《王氏農書》

가지가 처음 꽃필 때, 남길 가지의 수를 헤아려 다른 가지와 잎을 잘라 내면, 다시 자라 늦가지가 열린다. 《무본신서》[28]

茄初開花, 斟酌窠數, 削去枝葉, 再長晚茄. 《務本新書》

가지를 심을 때 2월에 휴전을 손질한다. 동아와 함께 심는 경우에는 흩뿌려 심는다. 길이가 한 마디

茄二月治畦, 與冬瓜同種則漫散[4]. 長節[5]許, 三月

26 《齊民要術》 卷2 〈種瓜(茄子附)〉 第14(《齊民要術校釋》, 164쪽).

27 《王禎農書》 〈百穀譜〉 3 "蓏屬" '茄子', 103쪽; 《農政全書》 卷27 〈樹藝〉 "蓏部" '茄'(《農政全書校注》, 675쪽).

28 출전 확인 안 됨; 《農桑輯要》 卷5 〈瓜菜〉 "茄子"(《農桑輯要校注》, 175쪽); 《農政全書》 卷27 〈樹藝〉 "蓏部" '茄'(《農政全書校注》, 675쪽).

[4] 散: 《便民圖纂·樹藝類·種諸色蔬菜》에는 "撒".

[5] 節: 《便民圖纂·樹藝類·種諸色蔬菜》에는 "寸".

정도가 되면 3월에 이를 옮겨 심는다. 이때 사이를 듬성듬성하게 심어야 한다. 똥거름물을 줄 때는 자주 해야 한다. 그루마다 뿌리 위에 추가로 유황을 조금 뿌려 주면, 가지열매가 크고 또 달다. 《편민도찬》[29]

移栽, 栽宜稀. 澆以糞水, 宜頻. 每科于根上, 加少硫黃, 其實大且甘. 《便民圖纂》

가지를 심었을 때, 처음에 뿌리가 위치한 곳을 살펴서 땅을 가르고, 유황 1성(星)[30]을 부셔 넣은 다음 진흙으로 북준다. 그러면 열매가 배나 많이 열린다. 또 가지의 크기도 잔(盞)만 해지며, 맛도 달고, 사람 몸에 유익하다. 《종수서(種樹書)》[31]

種茄子時, 初見根處擘[6]開, 掐硫黃一星[7], 以泥培之. 結子倍多, 其大如盞, 味甘而益人. 《種樹書》

가지를 심을 때는 땅을 파서 구덩이를 만든다. 여기에 기름진 흙을 듬뿍 넣고 씨를 심는다. 한 구덩이에 한 그루를 심으면 가지가 쉽게 자라, 가지와 줄기가 무척 크며 열매도 풍성하게 열린다.

種茄, 掘地作區, 多納肥土下子. 一區一根, 其茄易長, 枝幹極大, 結子且繁.

한 그루에서 가지 1석을 수확할 수 있다. 그러므로 10개의 구덩이만 심으면 여름철에 밥상 위의 채소반찬을 넉넉히 공급할 수 있다. 남은 가지를 가을에 거두어 가지김치를 만들어 먹기에도 매우 넉넉하다. 일찍이 어떤 승려가 자신은 이 법대로 재배한다면서 다른 사람들에게도 그렇게 해 보도록 권하였

一根可得子一石. 種十區, 夏月足供盤蔬. 秋收其餘, 作菹, 亦甚優足. 曾有僧自言行此法, 勸人試之. 《穡經》

29 《便民圖纂》卷6〈樹藝類〉下 "種諸色蔬菜", 64쪽.

30 성(星) : 작은 물건이나 그 물건의 양을 세는 단위. 은자 1전을 뜻하는 단위이기도 하다.

31 《種樹書》〈菜〉(《叢書集成初編》1469, 59쪽).

[6] 擘 : 《種樹書·菜》에는 "拍".

[7] 星 : 《種樹書·菜》에는 "錢".

다. 《색경》[32]

가지를 심을 때는 간격이 알맞아야 한다. 가지의 본성은 해를 두려워하므로 반드시 비가 올 때나 저물녘에 옮겨 심어야 한다. 《증보도주공서》[33]

種茄, 宜稀密得所. 其性畏日, 須有雨或晩間栽之. 《增補陶朱公書》

물가지[水茄]는 씨앗을 취하여 심어도 된다. 9월에 꼭대기에 맺힌 가지를 취하여 양쪽 끝을 잘라낸 다음 잘록한 허리 부분의 씨앗을 취한다. 씨앗을 햇볕에 말렸다가 건조한 곳에 보관한다. 3월에 서리 기운이 없을 때 심었다가 잎이 4~5장 나오면 비가 올 때를 틈타 뿌리에 붙은 진흙째 옮겨 심는다. 매일 아침 맑은 똥거름물을 부어 준다.

水茄子可取種. 九月取頭結者, 截去兩頭, 取腰中子. 曬乾收燥處. 三月無霜氣時種之, 生四五葉, 因雨[8]移栽. 每日早以淸糞水澆之.

뿌리 아래에 검은 벌레가 생기면 줄기와 잎을 잘라먹으므로, 아침저녁으로 부지런히 잡아 준다. 꽃이 필 때 무성한 잎을 따 주고, 재를 뿌리 둘레에 뿌려 주면 열매가 많이 열린다. 일반적으로 생명력이 왕성한 가지 1그루에서 가지 열매 1석을 얻을 수 있다. 《증보산림경제》[34]

根下有黑蟲, 咬[9]斷莖葉, 朝暮勤捕之. 開花時摘去茂葉, 以灰圍根, 結子多. 凡旺茄一根, 可得子一石. 《增補山林經濟》

가지를 심을 때, 밭갈이는 깊이 해야 하고, 써레질은 곱게 해야 한다. 밭을 깊게 갈고 흙을 곱게 써

種茄, 耕欲深, 耙欲細. 耕深而耙細則根深, 根深則

32 《穡經》上〈種諸瓜菜法〉"茄子"(《農書》1, 345쪽).
33 출전 확인 안 됨.
34 《增補山林經濟》卷6〈治圃〉"茄"(《農書》3, 415~416쪽).
[8] 因雨:《增補山林經濟·治圃·茄》에는 "因雨合泥".
[9] 咬:《增補山林經濟治圃茄》에는 "盡".

레질하면 뿌리가 깊이 내리고, 뿌리가 깊이 내리면 가지나무가 높이 자라며, 가지나무가 높이 자라면 가지[枝]가 무성하고, 가지가 무성하면 열매가 풍성하게 열린다. 그러므로 가지는 꼭 열종(畤種, 큰 두둑 만들어 심기)해야 한다.

樹高, 樹高則枝茂, 枝茂則子繁, 故茄宜畤種.

열종법(畤種法)은 다음과 같다. 밭갈이와 써레질을 마치면 철삽으로 흙무더기를 떠서 큰 두둑[大畤]을 만든다. 이때 두둑의 높이는 4~5척이 되도록 한다. 두둑 위에 다시 씨앗 간의 거리를 3척으로 띄워 호미로 구덩이를 만든다. 구덩이의 크기는 지름 2척, 깊이 2척이 되도록 한다.

其法: 旣耕耙, 用鐵刃杴聚墢, 作大畤, 高可四五尺. 復于畤上相去三尺, 鋤作坑. 坑之大, 徑二尺, 深二尺.

잘 삭은 똥거름을 고운 흙과 섞어 구덩이에 메운다. 구덩이에 가지를 심을 때는 한 구덩이에 3그루씩 심는다. 싹이 0.6~0.7척 자라면 진한 똥거름으로 거름준다【구덩이마다 거름 1두를 쓴다】.

用熟糞和細土, 塡坑. 種茄一坑三科, 苗長六七寸, 壅以濃糞【每一坑用糞一斗】.

한 사람이 가래를 가지고 도랑의 진흙을 떠서 가지 구덩이를 덮는다. 다른 한 사람은 그를 뒤따라가면서 손으로 평평하게 다독여 뿌리를 북준다. 날

一人持鍬, 起溝泥覆之; 一人隨後, 用手磨平以培根. 日日摘去亂葉, 令通風. 旱

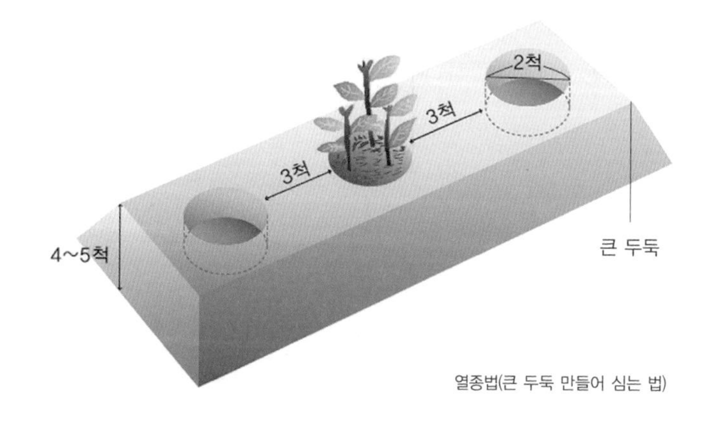

열종법(큰 두둑 만들어 심는 법)

마다 어지럽게 뒤섞여 자란 잎을 따 내어 바람이 통하게 해 준다. 가물면 물을 준다. 이와 같이 하면 가지나무 키가 10척 정도나 되고, 가지의 양은 10두(斗)를 거둘 수 있다. 《행포지》[35]

則澆之. 如此則樹可丈[10], 量子可斛收. 《杏蒲志》

땅이 적은 사람은 빈 둥구미 수백 개에 똥거름흙을 채운다【똥거름재를 한 겹 깔고, 부드럽고 검은 흙을 한 겹 깐다. 이렇게 층층이 깔면서 둥구미에 재와 흙을 가득 채우면 그친다】.

地少者, 用空篅數百, 實糞土【糞灰一重, 軟黑土一重, 層層鋪塡滿篅而止】.

가지를 심을 때는 둥구미 1개에 6그루씩을 심고, 이 둥구미들을 섬돌 아래 마당이나 채소밭 두렁 여기저기에 놓아 둔다. 김매기나 북주기는 일반적인 법대로 한다. 이렇게 하면 한 둥구미에서 가지를 수십 두(斗)나 거둘 수 있다. 《행포지》[36]

種茄一篅六科, 散置之庭除、園畔, 鋤、壅如常法, 則一篅可收茄子數斛. 同上

5) 시집보내는 법

嫁法

가지는 꽃이 필 때를 기다렸다가, 잎을 따서 사람이 지나다니는 통로에 깔아 놓고 재를 잎 둘레에 둥그렇게 뿌려 놓는다. 사람들이 다니면서 이것을 밟으면 가지 열매가 풍성하게 열린다. 민간에서는 이를 '가지 시집보내기[嫁茄]'라 한다. 《유양잡조(酉陽雜俎)》[37]

茄子, 待其花時, 取葉布於過路, 以灰規之. 人踐之則子繁. 俗謂之"嫁[11]茄". 《酉陽雜俎》

35 《杏蒲志》 卷3 〈種蔬果〉 "種茄"(《農書》 36, 164~165쪽).
36 《杏蒲志》 卷3 〈種蔬果〉 "種茄"(《農書》 36, 165쪽).
37 《酉陽雜俎》 卷19 〈廣東植類〉 "草篇"(《叢書集成初編》 277, 158쪽).
[10] 丈: 《杏蒲志·種蔬果·種茄》에는 "尋丈".
[11] 嫁: 《酉陽雜俎·廣東植類·草篇》에는 "稼".

6) 보관하기

收藏

가지를 화로에서 나온 재에다 저장하면, 이듬해 3~4월까지 보관할 수 있다. 《물류상감지》[38]

茄子以爐灰藏之, 可至三四月. 《物類相感志》

가지 수확하고 저장하는 법: 정오에 통통하고 큰 가지를 딴다. 꼭지를 제거하지 않고 밀랍을 녹여 여기에 꼭지와 가지 사이를 담가 밀랍을 굳힌다. 이에 앞서 촘촘하게 짜인 대바구니에 대껍질을 바닥에 깔고, 재를 두 층으로 두껍게 깐다.

收貯茄法: 亭午摘取肥大者, 不去蔕, 鎔蠟蘸柎. 先於密籃中, 用箬藉底, 厚鋪灰二層.

재 위에 가지를 놓고, 가지 위에 다시 재를 덮는다. 이런 식으로 가지와 재를 층층이 놓아서, 가득 차면 대껍질로 윗면을 덮은 다음 기름 먹인 종이로 두껍게 봉한다. 그런 다음 석회를 발라 깨끗하고 건조한 곳에 둔다. 이렇게 하면 겨울이 되어도 방금 딴 가지와 같다. 《고금의통대전(古今醫統大全)[39]》[40]

灰上放茄, 茄上放灰. 層層放滿, 用箬蓋面, 以油紙厚封之. 石灰塗置淨燥處, 至冬如新. 《古今醫統》

6월에 가지를 거둔다. 이때 껍질과 꼭지에 상처가 나거나 터져서는 절대 안 된다. 잿물을 내릴 때 쓴 재를 햇볕에 말렸다가, 가지와 함께 깨끗한 항아리 속에 층층이 깐다. 이를 땅속에 묻는다. 겨울철에 꺼내어 먹으면 맛이 새로 딴 가지와 같다. 《산림경제보》[41]

六月收茄子, 切勿傷破皮、蔕. 用淋退灰曬乾, 與茄子層層隔下於淨甕中, 埋地中. 冬月取食如新. 《山林經濟補》

---

38 《說郛》 卷22 下 《物類相感志》 〈果子〉(《文淵閣四庫全書》 877, 295쪽).

39 고금의통대전(古今醫統大全) : 중국 명(明)나라 의약학자 서춘보(徐春甫, 1520~1596)가 1556년에 완성한 총 100권의 의서. 서춘보는 금원사대가의 한 사람인 동원(東垣) 이고(李杲, 1180~1251)의 학설을 존중하였고, 내과(內科)·부인과(婦人科)·소아과(小兒科) 등에 능통하여 많은 사람을 치료했다.

40 《古今醫統大全》 卷98 〈藥品類〉 第1 "鮮茄".

41 출전 확인 안 됨; 《山林經濟》 卷1 〈治圃〉 "種茄"(《農書》 2, 155쪽).

가지 단면에 보이는 가지씨(임원경제연구소, 임원경제연구소에서 촬영)

7) 종자 거두기

收種

9월에 황색으로 익었을 때 가지열매를 따서 세로로 4조각이나 6조각으로 가른다. 이를 햇볕에 바짝 말려 방 안이나 햇볕이 드는 곳에 매달아 두고 습기에 닿지 않도록 한다. 심을 때가 되면 물에 담갔다가 종자를 취하되, 깨끗이 일어 위로 뜬 씨앗은 제거한다. 《군방보》[42]

九月黃熟時, 摘取擘四瓣或六瓣. 曬極乾, 懸之房內或向陽處, 勿浥濕. 臨種時, 水泡取子, 淘淨, 去其浮者. 《群芳譜》

8) 쓰임새

功用

가을이 깊어지면 쇤 가지를 부드러워지도록 삶은 다음, 물에 담가 껍질을 벗긴다. 그리고 소금으로 고르게 버무려 겨울철에 식용한다. 먹을 때마다 참기름을 치면 가장 좋다. 《무본신서》[43]

秋深老茄煮軟, 水浸去皮, 以鹽拌均, 冬月食用. 旋添麻油爲上. 《務本新書》

---

42 《二如亭群芳譜》 〈亨部〉 第3 "蔬譜" 2 '茄子'(《四庫全書存目叢書補編》 80, 343쪽); 《廣群芳譜》 卷17 〈蔬譜〉 "茄子", 411쪽.

43 출전 확인 안 됨; 《農桑輯要》 卷5 〈瓜菜〉 "茄子"(《農桑輯要校注》, 175쪽); 《農政全書》 卷27 〈樹藝〉 "蓏部" '茄'(《農政全書校注》, 675쪽).

가지꼭지는 벗겨서 바람에 말려 두었다가 정월 초하룻날 나물로 조리해 먹고, 꽃은 삶아 먹는다. 이를 '안락채(安樂菜)'라 한다. 《증보도주공서(增補陶朱公書)》[44]

茄蔕剝取風乾, 歲朝和菜, 花煮食, 名"安樂菜".《增補陶朱公書》

가지는 다른 채소에 비해 가장 오래 간다. 반찬에 쓰고 남은 가지는 술지게미절임이나 두시절임을 해 먹거나 말려 먹어도 좋지 않은 경우가 없다. 그러니 반드시 널리 심어야 한다. 《왕정농서》[45]

茄, 視他菜爲最耐久, 供膳之餘, 糟醃、豉、腊, 無不宜者. 須廣種之.《王氏農書》

가지 20포기를 심어서, 똥거름주기를 제대로 하면 한 사람의 찬거리를 제공할 수 있다. 《노포상담(老圃常談)[46]》[47]

種茄二十科, 糞壅得所, 可供一人食. [12] 《老圃常談》

가지 문양 토기

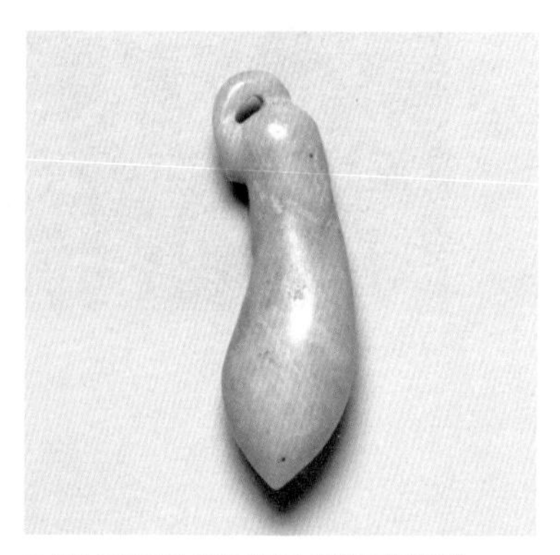
조선의 가지모양 장신구(이상 국립중앙박물관)

---

44 출전 확인 안 됨;《重訂增補陶朱公致富奇書》〈耕種總論〉, 111쪽.

45 《王禎農書》〈百穀譜〉 3 "蓏屬" '茄子', 104쪽;《農政全書》 卷27 〈樹藝〉 "蓏部" '茄'(《農政全書校注》, 674~675쪽).

46 노포상담(老圃常談) : 미상. 《왕정농서》와 《군방보》에 《노포상담》의 이 내용이 전한다.

47 출전 확인 안 됨;《王禎農書》〈百穀譜〉 3 "蓏屬" '茄子', 103쪽.

[12] 種茄二十科……可供一人食 : 이 부분은 오사카본 "種藝" 항목 "味甘而益人. 《種樹書》" 아래에 보인다. 그리고 그 두주에 "'種茄'부터 '人食'까지는 주(老圃常談)와 함께 '쓰임새' 조항의 《왕정농서》 아래에 옮겨 적어야 한다(種茄止人食並注, 移書于功用類《王氏農書》之下)."라고 적혀 있다.

8. 토란[芋][1]

芋

1) 이름과 품종

名品

일명 '토지(土芝)', '준치(蹲鴟)'이다.[2]

一名"土芝", 一名"蹲鴟".

【본초강목[3] 서현(徐鉉)[4]이 《설문해자(說文解字)》[5]

【本草綱目 徐鉉《說文》註

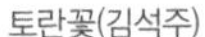

토란꽃(김석주)

토란(《본초도경》)

1 토란[芋] : 외떡잎식물 천남성목 천남성과의 여러해살이풀. 좀처럼 꽃이 피지 않으며 알줄기(밑 부분에 녹말 따위의 양분을 많이 저장하여 살찌고 둥근 알 모양 줄기)로 번식한다. 최근 이상기온으로 100년에 한 번 볼까말까 한다는 토란꽃이 제주도에서 피어 화제가 되었다. 제주매일, 2021, 7월 14일 기사 참조. 풍석 서유구 지음, 임원경제연구소 옮김, 위와 같은 책, 211~212쪽과 함께 참조 바람.

2 《二如亭群芳譜》〈亨部〉第7 "果譜" 4 '芋'(《四庫全書存目叢書補編》80, 456쪽); 《本草綱目》卷27〈菜部〉"芋", 1674쪽에 보인다.

3 《本草綱目》, 위와 같은 곳.

4 서현(徐鉉) : 916~991. 오대(五代)와 북송 초엽에 걸쳐 활동한 서법가이자 문자학자. 문자의 훈고에 정통하여 후한(後漢)의 허신(許愼, 약 58~약 147)이 편찬한 《설문해자》에 주석을 달고, 《문원영화(文苑英華)》의 편찬에도 참여하였다. 저서에 《서문공집(徐文公集)》 30권이 있다.

5 설문해자(說文解字) : 중국 후한(後漢) 때 경학자 허신(許愼, 58~147)이 100년부터 121년까지 약 22년에 걸쳐 완성한, 중국에서 가장 오래된 자서. 원본은 전해지지 않으며, 송나라 서현(徐鉉)이 황제의 칙명으로 펴낸 교정본이 남아 있다.

토란잎과 줄기(전영창)

토란꽃(정천귀)

에 붙인 주(註)에 "'우(芋)'는 '우(吁, 감탄하다)'와 같다. 큰 잎과 실한 알뿌리가 사람들을 놀라게 하기[駭吁]

云: "芋, 猶吁也. 大葉、實根駭吁人也." 《史記》作"蹲

토란대(안철환)

때문이다."[6]라 했다. 《사기(史記)》[7]에는 '준치(蹲鴟)'[8]라 고 쓰여 있다. 이는 토란알뿌리덩이의 모양이 부엉이[鴟]가 웅크리고 앉아 있는 모습[蹲坐]과 닮았기 때문이다. 토란에는 논토란과 밭토란 두 종류가 있다.

鴟". 蓋以芋魁之狀, 若鴟之蹲坐也. 有水、旱二種.

안 곽의공(郭義恭)[9]의 《광지(廣志)》에 "토란에는 14종[10]이 있다."[11]라 했고, 소공(蘇恭)[12]의 《당본초(唐本

按 郭義恭《廣志》謂" 芋有十四種", 蘇恭《唐本草》亦

6 우(芋)는……때문이다:《說文解字》 卷1 下 〈艸部〉 "芋"(《說文解字注》, 24쪽). 토란의 크기를 보고 놀라서 내지르는 탄성인 '우(吁)'에서 그 이름을 따왔다는 뜻이다.

7 사기(史記):중국 전한(前漢) 시대의 역사가인 사마천(司馬遷, B.C. 145?~B.C. 86?)이 아버지 사마담(司馬談)의 유언에 따라 완성한 역사서. 전설의 황제(黃帝) 시대로부터 자신이 살았던 한 무제(漢武帝) 때까지 2000여 년의 역사를 다루었다.

8 사기(史記)에는……준치(蹲鴟):《史記》 卷129 〈貨殖列傳〉 第69, 3277쪽.

9 곽의공(郭義恭):?~?. 진(晉)나라의 박물학자. 《광지(廣志)》를 저술하여 《수경주(水經注)》, 《본초강목》 등의 서적과 박물학 문자학 서적에 큰 영향을 미쳤다.

10 14종:군자우(君子芋)·거곡우(車轂芋)·거자우(鋸子芋)·방거우(旁巨芋)·청변우(青邊芋)·담우(談芋)·만우(蔓芋)·계자우(鷄子芋)·백과우(百果芋)·조우(早芋)·구면우(九面芋)·상공우(象空芋)·청우(青芋)·소우(素芋)이다.

11 토란에는……있다:《說郛》 卷61下 〈廣志〉(《文淵閣四庫全書》 879, 313쪽);《種芋法》 卷1 (《叢書集成初編》 1469, 1쪽);《齊民要術》 卷2 〈種芋〉 第16(《齊民要術校釋》, 169쪽). 이 토란 항목의 많은 부분이 《종우법》 권1에 그대로 보인다.

12 소공(蘇恭):599~674. 중국 당(唐)나라 말 북송(北宋) 초기의 의학가. 소경(蘇敬)이라고도 한다. 657년에 도홍경(陶弘景, 456~536)의 《본초경집주(本草經集注)》에 많은 오류가 있는 것을 보고 《당본초(唐本草)》를 저술하였다.

草)》[13]에도 역시 "토란에는 6종[14]이 있다."[15]라 했다. 하지만 우리나라에는 다양한 종류가 없을 뿐더러 또한 논토란[水芋]과 밭토란[旱芋]의 차이도 없다. 다만 야생토란을 먹을 수 없는 점은 중국과 같다】

言"芋有六種". 吾東則無多種, 亦無水、旱之異. 唯野芋不可食則與中州同】

토란뿌리

토란알뿌리

토란잎(이상 안철환)

어린 토란(임원경제연구소)

13 당본초(唐本草):중국 당나라 때 소공을 중심으로 한 여러 의학가들이 모두 850종의 약물에 대한 지식을 망라해 놓은 약물학 서적. 《신수본초(新修本草)》라고도 한다. 《본초경집주(本草經集注)》를 바탕으로 삼고, 더 나아가 수(隋)·당(唐) 이래의 새로운 약물을 덧붙이고 잘못된 부분을 바로잡아 다시 엮었다.

14 6종:청우(靑芋)·자우(紫芋)·진우(眞芋)·백우(白芋)·연선우(連禪芋)·야우(野芋)이다.

15 토란에는……있다:《新修本草》 卷17 〈果部〉 "芋", 258쪽;《種芋法》 卷1 (《叢書集成初編》 1469, 2쪽);《本草綱目》 卷27 〈菜部〉 "芋", 1674쪽.

싹이 난 도란뿌리

싹이 나서 자란 토란뿌리(이상 임원경제연구소, 파주시 금촌동 통일시장에서 촬영)

2) 알맞은 토양

土宜

토란을 심을 때는 부드럽고 백색인 모래땅이 좋고, 물 가까운 곳이 좋다【주 토란은 가뭄을 두려워하기 때문에 물 가까운 곳에 심어야 한다】. 《제민요술》[16]

芋種, 宜軟白沙地, 近水爲善【注 芋畏旱, 故宜近水】. 《齊民要術》

토란은 백색 모래땅이 좋다. 《무본신서》[17]

芋宜沙白地. 《務本新書》

와기조각이나 자갈이 있는 밭에는 심어서는 안 된다. 일반적으로 토란은 심은 지 2년이 되면 반드시 다시 밭을 바꾸어 주어야 한다. 그렇게 하지 않으면 토란이 왕성하게 자라지 않는다. 토란을 뽑아 낸

田之有瓦礫者, 不可種. 凡種二歲, 必再易田. 不然則不長旺. 所易之田, 種禾乃佳. 黃省曾《種芋法》

---

16 《齊民要術》 卷2 〈種芋〉 第16(《齊民要術校釋》, 172쪽); 《王禎農書》 〈百穀譜〉 3 "蓏屬" '芋', 100쪽; 《農政全書》 卷27 〈樹藝〉 "蓏部" '芋'(《農政全書校注》, 680쪽).

17 출전 확인 안 됨; 《農桑輯要》 卷5 〈瓜菜〉 "芋"(《農桑輯要校注》, 173쪽); 《農政全書》 卷27 〈樹藝〉 "蓏部"(《農政全書校注》, 680쪽).

토란(전영창)

밭에는 벼를 심어야 좋다. 황성증(黃省曾)[18] 《종우법(種芋法)[19]》[20]

토란을 심을 때는 벼를 심었던 밭이나, 담장이 가깝거나, 집이 가깝거나, 나무가 가까운 곳에 심어야 한다. 비나 이슬이 내리지 않았을 때 벼를 심으면 이삭이 패지 않는다. 그러나 토란만은 가문 날씨에도 제대로 거둘 수 있다. 《농정전서》[21]

種芋, 宜在稻田、近墻近屋近樹之處. 雨露不及, 種稻則不秀, 惟芋則收. 《農政全書》

예로부터 토란은 낮고 습한 땅을 좋아한다고 했다. 하지만 시험해 보니 꼭 그렇지는 않았다. 비록 높고 건조한 백색 모래땅이라 할지라도, 거름주기

古稱芋喜卑濕地. 試之不必然. 雖高燥沙白之地, 擁糞旣厚, 鋤治得宜, 則脆美

18 황성증(黃省曾): 1490~1540. 중국 강소성(江蘇省) 오현(吳縣) 사람. 자는 면지(勉之), 호는 오악산인(五嶽山人). 중국에서 가장 오래된 자서(字書)인 《이아(爾雅)》에 정통했다. 심약수(諶若水)·왕수인과 교류했고, 이몽양에게 시를 배웠다. 집에 장서(藏書)가 많아서 전산서옥(前山書屋)이란 장서루가 있었으며, 농업과 목축에 일가견이 있었다. 저서로 《오악산인집(五嶽山人集)》·《서양조공전록(西洋朝貢典錄)》·《의시외전(擬詩外傳)》·《잠경(蠶經)》·《종어경(種魚經)》·《예국서(藝菊書)》·《우경(芋經)》·《수경(獸經)》 등이 있다.

19 종우법(種芋法): 황성증이 지은 《우경(芋經)》의 내용 중 일부로 추정된다. 《총서집성초편(叢書集成初編)》 1469에서 《종우법(種芋法)》 권1의 내용을 볼 수 있다.

20 《種芋法》 卷1(《叢書集成初編》 1469, 8쪽).

21 《農政全書》 卷27 〈樹藝〉 "蓏部" '芋'(《農政全書校注》, 681쪽).

를 두둑하게 하고 나서 김매기를 제대로 하면 토란이 무척 연하고 맛있어서 도리어 낮고 습한 땅에 심은 토란보다 낫다. 《행포지》[22]

忒甚, 反勝卑濕之地. 《杏蒲志》

22 《杏蒲志》 卷3 〈種蔬果〉 "種芋"(《農書》 36, 166쪽).

3) 심는 시기

時候

1~2월에 묵은 땅을 갈려고 할 때, 먼저 김매기를 1번 하고 새 황토로 덮어 준다. 3월 중 임신(壬申)·임술(壬戌)·신사(辛巳)·무신(戊申)·경자(庚子)·임오(壬午)·신묘(辛卯)일을 택하여, 싹이 위쪽을 향하도록 심는다. 잎이 3~4개가 나오고, 길이가 0.4~0.5척이 되면, 5월에 옮겨 심는다. 《군방보》[23]

正二月將耕過地, 先鋤一遍, 以新黃土覆蓋. 三月中, 擇壬申、壬戌、辛巳、戊申、庚子、壬午、辛卯日, 將芽向上種. 候生三四葉, 高四五寸, 五月移栽. 《群芳譜》

청명(淸明, 양력 4월 4·5일경) 10일 전에 심는다. 3월 중에 진한 똥거름을 많이 부어 준다. 4월에는 샅샅이 김매어 준다. 《농정전서》[24]

淸明前十日下種. 三月中多用濃糞灌之. 四月細耘之.[1] 《農政全書》

4) 풍흉 예측

占候

토란은 하늘에서 천둥이 자주 치면 많이 난다. 《물류상감지》[25]

芋若天雷頻則多生. 《物類相感志》

---

23 《二如亭群芳譜》〈亨部〉第7 "果譜" 4 '芋'(《四庫全書存目叢書補編》80, 456쪽); 《廣群芳譜》卷16〈蔬譜〉"芋", 379쪽.

24 《農政全書》卷27〈樹藝〉"蓏部"(《農政全書校注》, 680~681쪽).

25 출전 확인 안 됨; 《廣群芳譜》卷16〈蔬譜〉"芋", 377쪽.

[1] 淸明前十日下種……四月細耘之 : 이 단락은 오사카본 "種藝" 조항에 있다. 그리고 그 두주에 "'淸明'부터 '耘之'까지는 주(農政全書)와 함께 '파종 시기' 조항의 '《군방보》' 아래에 옮겨 적어야 한다(淸明止耘之竝注, 移書于時候條《群芳》之下)."라고 적혀 있다.

5) 심기와 가꾸기

種藝

토란을 심을 때 구덩이는 사방 둘레와 깊이를 모두 3척이 되도록 한다. 콩대[豆萁]【주 '기(萁)'는 음이 '기(其)'이다. 콩대이다】를 가져다 구덩이 안에 넣고 발로 밟아 준다. 구덩이에 깐 콩대 두께는 1.5척이 되도록 한다.

種芋, 區方深皆三尺, 取豆萁【注 音其, 豆莖】內區中, 足踐之, 厚尺五寸.

구덩이 위쪽에 파 놓은 젖은 흙을 거름과 섞은 다음, 이 흙을 구덩이에 깐 콩대 위에다 1.2척 두께로 넣는다. 그런 다음 물을 주고 발로 밟아서 습기를 유지하게 한다.

取區上濕土, 與糞和之, 內區中萁上, 令厚尺二寸. 以水澆之, 足踐令保澤.

토란알뿌리 5개를 사방 귀퉁이와 중앙에 놓고 발로 밟아 준다. 가물면 자주 물을 준다. 콩대가 썩으면서 토란싹이 나온다. 이 토란은 모두 키가 3척으로 자란다. 구덩이 하나에서 3석의 토란을 거둔다. 《범승지서(氾勝之書)》[26]

取五芋子置四角及中央, 足踐之. 旱則數澆. 萁爛芋生, 子皆長三尺. 一區收三石. 《氾勝之書》

구덩이의 깊이는 3척 정도가 되도록 한다. 구덩이 간격은 널찍해야 한다. 널찍하면 바람이 잘 통한다. 토란은 본래 깊이 심어 주어야 하니, 깊이 심으면 토란뿌리가 크다【주 대체로 2척 깊이에 한 뿌리를 심고, 차츰 흙을 더해가며 덮어 북준다】.

區深可三尺許. 區行欲寬, 寬則過風. 芋本欲深, 深則根大【注 率二尺一根. 漸漸加土覆[2]之】.

봄에 심어야 하고, 가을에는 북주어야 한다【주 입하에 심으면 토란알이 생기지 않는다. 가을에 북주는 시기를 놓치면 토란알이 비쩍 마르고 통통해

春宜種, 秋宜壅【注 立夏種, 不生卵. 秋失壅, 而瘦不肥】.

26 출전 확인 안 됨; 《齊民要術》 卷2 〈種芋〉 第16(《齊民要術校釋》, 171~172쪽).

[2] 覆: 규장각본·《齊民要術·種芋》에는 "壅".

지지 않는다】.

상강(霜降, 양력 10월 23·24일경)에 잎을 비틀어 따 버려서, 잎으로 가는 진액을 거두어 뿌리열매로 잘 모이도록 해 주면, 토란이 더욱 커지고 더욱 살이 오른다. 《제민요술》[27]

霜降捩其葉，使收液以美其實，芋愈大而愈肥.《齊民要術》

토란 심는 법: 물 가까운 곳의 기름지면서도 부드러운 흙이 있는 곳을 고른 다음 흙을 갈고 써레질하여 연하게 하고 거름을 준다. 2월에 비가 오면 토란을 심을 수 있다. 대체로 2척 깊이에 한 뿌리를 심는다.

種芋法：宜擇肥緩土近水處，和柔，糞之．二月注雨，可種芋．率二尺下一本.

토란이 나고 뿌리가 깊이 뻗어 내려가게 하려면 주변의 땅을 파서 흙을 부드럽게 만든다. 가물면 물을 준다. 풀이 나면 김을 매어 준다. 김매는 횟수가 많아도 괜찮다. 토란밭 관리를 이와 같이 하면, 거두는 양이 보통 때의 2배가 된다. 《제민요술》[28]

芋生，根欲深，劚其旁以緩其土．旱則澆之．有草鋤之，不厭數多．治芋如此，其收常倍．同上

땅은 깊이 갈아주어야 한다. 2월이 토란 심기에 가장 좋은 때이다. 이때 알뿌리끼리의 간격을 0.6~0.7척이 되도록 하여 토란 한 알씩을 심는다.

地宜深耕．二月種爲上時．相去六七寸，下一芋.

햇볕의 열기가 뜨거운 한여름이 되어 토란의 키가 높아지면 알뿌리도 왕성해지므로 토란 옆을 자

比及炎熱，苗高則旺，頻鋤其旁．秋生子葉，以土壅其

---

27 출전 확인 안 됨;《農政全書》卷27〈樹藝〉"蓏部"'芋'(《農政全書校注》, 680쪽);《王禎農書》〈百穀譜〉3 "蓏屬"'芋', 99~100쪽.《제민요술》에는 보이지 않는다.《제민요술》은《농정전서》의 오기를 그대로 옮긴 것으로 보이고《농정전서》는《왕정농서》의 내용을 옮겨 놓은 것으로 판단된다.

28 《齊民要術》卷2〈種芋〉第16(《齊民要術校釋》, 172쪽).

주 김매어 준다. 가을에 새끼 친 뿌리에서 잎이 나오면 흙으로 그 뿌리를 북준다. 서리가 내린 뒤에 거둔다. 《무본신서》[29]

根. 霜後收之.③《務本新書》

토란 구종법: 구덩이의 길이는 10척 남짓이 되도록 하고, 구덩이의 깊이와 너비는 각각 1척이 되도록 한다. 구덩이의 열간격은 1보(5척)가 되도록 한다. 간격이 널찍하면 바람이 통해서 토란이 잘 자라기 때문이다. 《무본신서》[30]

區種芋法: 區長丈餘, 深闊各④一尺. 區行相間一步, 寬則透風滋胤. 同上

토란종자는 반드시 둥글면서 길고 뾰족하며 백색인 알뿌리로 골라야 한다. 가옥의 남쪽 처마 아래에 구덩이를 파고, 곡식을 도정하고 나온 왕겨를 바닥에 깐다. 여기에 토란알뿌리를 놓은 다음 볏짚으로 알뿌리를 덮어 둔다.

芋之種, 須揀圓長尖白者. 就屋南簷下掘坑, 以礱糠鋪底, 將種放下, 稻草蓋之.

3월이 되면 종자를 꺼내어 기름진 땅에 묻는다. 싹에서 잎 3~4장이 나오면, 5월에 물가의 기름진 땅을 골라 옮겨 심는다. 그루를 열 지어 심는 방식은 벼심기 방식과 같다.

至三月間, 取出埋肥地. 待苗發三四葉, 於五月間, 擇近水肥地移栽. 其科行與種稻同.

강바닥진흙이나 재거름·썩은 풀로 북준다. 가물면 물을 준다. 잡초가 나면 김매 준다. 밭토란[旱芋]

或用河泥, 或用灰糞、爛草壅培. 旱則澆之, 有草則鋤

---

29 출전 확인 안 됨; 《農桑輯要》 卷5 〈瓜菜〉 "芋"(《農桑輯要校注》, 173쪽); 《農政全書》 卷27 〈樹藝〉 "蓏部" '芋'(《農政全書校注》, 679쪽).

30 출전 확인 안 됨; 《農桑輯要》 卷5 〈瓜菜〉 "芋"(《農桑輯要校注》, 174쪽); 《農政全書》 卷27 〈樹藝〉 "蓏部" '芋'(《農政全書校注》, 679~680쪽).

③ 比及炎熱……霜後收之 : 오사카본에는 이 단락을 '물주기와 거름주기' 항목에 적었다가 다시 삭제하고 여기로 옮겨 적은 흔적이 있다. 다만 옮겨 적은 곳에는 '以土壅其根'에서 끝나고, 이 단락 끝의 '霜後收之'가 누락되어 있다.

④ 各 : 저본에는 "冬". 오사카본·규장각본·《農桑輯要·瓜菜·芋》·《農政全書·樹藝·蓏部》에 근거하여 수정.

을 심는 경우에도 기름진 땅이 좋다. 《편민도찬》[31]

之. 若種旱芋, 亦宜肥地. 《便民圖纂》

토란밭 김매기는 새벽이슬이 아직 마르지 않았을 때나, 비가 내린 뒤에 해야 한다. 김을 매서 뿌리 옆 땅이 비워지게 되면 토란이 커지고 알뿌리가 많아진다. 만약 한낮에 김매면 토란 그루가 너무 뜨거운 열을 받고, 열을 받으면 시든다. 《우보(芋譜)[32]》[33]

鋤芋, 宜晨露未乾及雨後. 令根旁空虛, 則芋大子多. 若日中耘則大熱, 熱則蔫. 《芋譜》

토란 심는 법: 10월에 토란알뿌리를 수확한다. 알뿌리는 굳이 중심의 덩이줄기일 필요는 없다. 중심의 덩이줄기만 심으려 하면 시장에 팔거나 먹는 토란의 품질에 지장을 줄까 걱정되기 때문이다.

種芋法: 十月收芋子, 不必芋魁, 恐妨鬻食.

다만 중심의 덩이줄기 옆으로 난 둥글고 온전한 알뿌리를 택하여 1묘당 약 3,000알을 남겨 둔다. 땅을 1.5척 정도 파서 움집에 저장하고, 위에 흙을 덮는다. 만약 저장하지 않아 겨울 동안 얼어버리면 과육조직이 성기고 물러져서 힘이 없다.

但擇旁生圓全者, 每畝約留三千子. 掘地尺五寸, 窖藏之, 上覆以土. 若不藏經凍, 則疏壞無力矣.

초봄에 땅기운이 통하여 밭을 갈만 하면, 먼저 땅을 김매고 흙덩이를 부순 다음 햇볕에 말려 흙의 위쪽 부분이 하얗게 되도록 한다. 그런 다음 또 흙을 뒤집어 햇볕에 말리기를 2~3차례 반복하고 잡초

至開春, 地氣通可耕, 先鋤地摩塊, 曬得白背. 又倒土以曬二三次, 去其草.

---

31 《便民圖纂》卷6〈樹藝類〉下 "種諸色蔬菜", 61쪽.

32 우보(芋譜):《이여정군방보(二如亭群芳譜)》〈형부(亨部)〉"과보(果譜)"의 '우(芋)'를 가리키는 것으로 보인다. 단, 《이여정군방보》에는 위의 내용에 이어 토란이 열기로 시들 경우 "재거름으로 북주면 무성해진다(以灰糞培則茂)."는 내용이 더 보인다.

33 《二如亭群芳譜》〈亨部〉第7 "果譜" 4 '芋'(《四庫全書存目叢書補編》80, 456쪽);《農政全書》卷27〈樹藝〉"蓏部" '芋'(《農政全書校注》, 681쪽).

를 제거한다.

1묘당 뒷간의 똥 20짐을 고루 부어 준다. 똥이 흙에 스며들었으면 곧바로 다시 호미질로 흙을 뒤집어 준다. 그렇게 하지 않으면 똥이 햇볕에 노출되어 효력이 미미해진다. 심을 때에 물을 준 후, 다시 콩깻묵 5두를 넣는다.

每畝用圊糞二十擔均澆. 候糞入土, 卽再鋤轉. 否則糞見日而力薄. 臨種, 下水之後, 再下豆餠五斗.

청명 후 모종을 심는다. 이때, 모종밭과 옮겨 심을 밭에 모두 새 흙을 더하여 원래 있던 흙과 섞어 연하게 해 준다. 그렇게 하지 않으면 모종을 단단한 자갈에 심게 되어 알뿌리를 손상시킨다.

淸明後下秧, 秧田、種田皆宜加以新土和柔之. 否則蒔揷硬礫損子.

모종밭에 호미질을 해 준 뒤 흙이 햇볕에 말라 윗부분이 하얗게 되면 수차[34]로 물을 끌어다[車水] 흙과 수평이 되도록 물을 대어 놓는다. 그리고 움굴에 저장해 둔 알뿌리를 꺼낸다.

秧田鋤過, 曬得白背, 車水作平. 出所窨芋子.

이중에서 싹이 난 놈은 싹이 위쪽을 향하도록 하고, 싹이 없는 놈은 뿌리가 아래쪽으로 가도록 하여 밭에 빽빽이 심고 볏짚으로 덮어 준다. 햇볕을 쬐면 싹이 시들고 병들기 때문이다. 하루에 한 차례씩 물을 대 준다. 하루걸러 한 번씩 대 주어도 괜찮다.

有芽者以芽向[5]上, 無芽者以根在下, 密布田中, 以稻草蓋之. 日曝, 其芽萎瘁. 日澆水一次, 或隔日亦可.

싹에서 잎이 3~4장 나와서 그 길이가 0.2~0.3척쯤 되면 옮겨 심을 수 있다. 잎이 많이 나고 너무 많이 자란 토란은 모종을 심은 뒤에 반드시 심기 전에 난 잎이 다 떨어지고 다시 새잎이 난다. 이는 심기

待芽間吐發三四葉, 長二三寸, 卽可種矣. 葉多而太長, 則種之必盡落故葉而重吐發, 是爲失時.

34 수차 : 물을 끌어올리는 도구. 《임원경제지 본리지》 권12~13 〈그림으로 보는 관개 시설 및 기구〉 상~하(서유구 지음, 정명현·김정기 역주, 《임원경제지 본리지》 3, 소와당, 2009, 297~481)쪽에 여러 유형의 수차가 소개되어 있다.

[5] 向 : 《種芋法》에는 "其".

적당한 때를 놓쳤기 때문이다.

심을 때 서로의 간격은 1.8척씩 띄워서 알뿌리 1개를 심는다. 1.6척씩 띄워 심기도 한다. 심는 시기는 반드시 소만(小滿, 양력 5월 5·6일경) 전이어야 한다. 심은 뒤에는 기름진 흙을 반드시 두텁게 북주어야 하고, 잡초를 제거해야 한다. 그리고 1~2일간 흙을 말려야 뿌리가 잘 뻗는다. 말리지 않으면 뿌리가 누렇게 썩어 살지 못한다.

種時相去一尺八寸, 下一芋子, 或一尺六寸. 種必在小滿前. 種後, 肥土必深[6]沸, 宜去其草. 乾一二日, 其根乃行, 不乾則根腐黃而不生.

흙이 마른 정도가 자잘하게 갈라지는 상태가 되면 물을 뿌려 준다. 만약 흙이 크게 갈라지면 토란이 마르면서 썩으므로 항상 촉촉하게 해 준다. 심는 때는 흐린 날이라야 좋다.

乾至小小土坼卽上水, 若大坼則乾壞矣, 常常使潤澤. 種時, 以陰天乃爲佳.

7월이 되면 그제야 구덩이를 낸다[塘]. 구덩이 내는 법은 다음과 같다. 토란알뿌리가 있는 곳을 중심으로 한 네 모퉁이의 흙을 판다. 토란을 심은 곳은 두루 다 그렇게 한다. 파낸 흙으로 뿌리 위를 북주면 흙이 부드러워져서 알뿌리를 둥글고 크게 맺는다. 서리가 내린 후에 토란을 뽑는다. 황성증 《종우법》[35]

至七月乃塘. 塘法, 在芋子四角之中, 掘其土, 遍畝皆然. 壅在根上, 則土緩而結子圓大, 霜後起之. 黃省曾《種芋法》

일반적으로 밭토란을 심는 시기는 2~3월이다. 반드시 푸석푸석한 흙을 찾아 얕게 갈고 모종을 심는다. 모종에서 싹이 나오면 다시 옮겨 심을 밭을 갈

凡種旱芋, 二三月間[7], 須求鬆土, 淺耕下秧. 俟秧出, 復耕地, 懸開三四寸.

35 《種芋法》卷1(《叢書集成初編》1469, 6~8쪽).

[6] 深 : 《種芋法》에는 "沬".

[7] 二三月間 : 오사카본에는 이 구절 뒤에 '항주에 가서 흰 것을 사야 좋다(往杭州, 買白者方是).'라는 구절을 썼다가 지운 표시가 있다. 이 구절도 《종우법》에 나온다.

수확 직전의 토란(전영창)

고 0.3~0.4척 깊이로 구덩이를 판다[懸開][36].

여기에 심은 후에 흙으로 뿌리를 두둑하게 북주고, 날마다 똥거름물을 부어 준다. 싹이 길어져 굳이 거름을 주지 않아도 될 때쯤이면 곁에 난 작은 알뿌리가 논토란보다 더 많이 난다. 황성증 《종우법》[37]

種後以土厚壅其根, 日溉之以水糞, 苗長不必糞, 則旁生小者尤多於水芋. 同上

8월은 토란싹이 가장 왕성하게 자라는 때이다. 이때 호미로 주위의 흙을 헤쳐 준 다음, 토란 밑동 위에 별도로 진흙을 덮어 준다. 또 토란대와 토란잎을 둥그렇게 말아 비틀어 주면 알뿌리가 살이 오르고 커진다. 이렇게 하지 않으면 싹만 무성하게 자라

八月正旺. 鋤開邊土, 却上別泥. 又蟠捩稈葉[8], 其子肥大. 不然苗盛芋小, 謂之"放芋根". 《穡經》

36 구덩이를 판다[懸開]: 원문의 "현개(懸開)"의 뜻을 정확하게 이해하지 못해 이런 정도로 풀었다.

37 《種芋法》卷1(《叢書集成初編》1469, 8~9쪽).

[8] 蟠捩稈葉: 《穡經·種諸瓜菜法·芋》에는 "播捍葉".

고 토란알뿌리는 작다. 이를 일러 '알토란을 잃는다[放芋根]'라 한다. 《색경》[38]

6) 물주기와 거름주기

澆壅

5~6월에 땅을 파고 뿌리에 거름준다. 그루마다 둥그렇게 둘러 싼 작은 두둑을 만들어 주고, 다시 진한 똥거름을 2차례 준다. 《농정전서》[39]

五六月中, 起土壅根. 每科作小埶墩, 更澆濃糞二次. 《農政全書》

토란에는 상수리나무잎두엄이 좋다. 《행포지》[40]

芋宜櫟葉糞. 《杏蒲志》

7) 주의사항

宜忌

토란은 3월에 여러 사람들이 왕래하여 그들 눈에 많이 띄는 것을 부끄러워하여 잘 자라지 못한다. 아울러 노구솥에 솔질하는 소리가 들리는 곳에서는 대부분 잘 자라지 못한다. 《무본신서》[41]

芋, 羞三月衆人來往, 眼目多見, 幷聞刷鍋聲處, 多不滋胤. 《務本新書》

8) 거두기

收採

7~8월에 토란을 거둔다. 그루당 중심의 알뿌리까지 합해 2근을 얻을 수 있다. 2척 간격으로 1뿌리씩 심으면 1묘에 2,160뿌리를 심을 수 있다. 그러면 거두게 되는 토란은 4,220근[42]이다. 《농정전서》[43]

七八月收, 每科幷魁子可二斤. 二尺一本, 一畝得二千一百六十本, 爲芋四千二百二十斤. 《農政全書》

---

38 《穡經》上〈種諸瓜菜法〉"芋"(《農書》1, 343쪽).

39 《農政全書》卷27〈樹藝〉"蓏部" '芋'(《農政全書校注》, 681쪽).

40 《杏蒲志》卷3〈種蔬果〉"種芋"(《農書》36, 166쪽).

41 출전 확인 안 됨;《農桑輯要》卷5〈瓜菜〉"芋"(《農桑輯要校注》, 173쪽);《農政全書》卷27〈樹藝〉"蓏部" '芋'(《農政全書校注》, 679쪽).

42 4,220근: 4,320근의 오류로 보인다. 2,160뿌리에서 2근씩 수확하면 총 4,320근이다.

43 《農政全書》卷27〈樹藝〉"蓏部" '芋'(《農政全書校注》, 681쪽).

수확한 토란(전영창)

9) 종자 보관하기

藏種

종자로 쓸 토란알뿌리는 땅에 그대로 남겨 둔다. 겨울 동안에는 볏짚으로 덮어 두었다가 다음해 2~3월이 되면 캔다. 종자를 햇볕에 쬐어 말린 다음 다시 심되, 이전에 심은 방법과 똑같이 한다. 황성증 《종우법》[44]

其種就留於地. 冬間覆以稻草, 至明年二三月間, 起. 曬乾, 再下秧, 復如前種. 黄省曾《種芋法》

10) 쓰임새

功用

무릇 오곡 재배에서 풍년이 들기도 하고 흉년이 들기도 하는 현상은 그해의 날씨가 그렇게 만들기 때문이다. 그러나 토란 농사는 오직 사람의 노력 여하에 달려 있다. 심고 가꾸는 데에 올바른 법이 있으므로 그대로 하고, 북주기를 제때에 하면 이익을

夫五穀之種, 或豐或歉, 天時使然. 芋則繫之人力, 若種藝有法, 培壅及時, 無不獲利. 以之度凶年, 濟飢饉, 助穀食之不及. 《王氏

44 《種芋法》卷1(《叢書集成初編》1469, 9쪽).

보지 않는 경우가 없다. 토란으로 흉년을 넘기고 기근을 구제한다. 곡식의 부족분을 토란이 보충하기 때문이다. 《왕정농서》[45]

農書》

메뚜기떼가 가는 곳이면 어디든 모든 초목의 잎이 남아나는 게 없다. 하지만 토란만은 메뚜기가 먹지 않으니, 널리 심어야 한다. 〈비황론(備荒論)[46]〉[47]

蝗之所至, 凡草木葉無有遺者, 獨不食芋, 宜廣種之. 《備荒論》

11) 자질구레한 말

瑣言

만약 토란을 농사지어 얻고 싶다면 토란이란 이름을 불러서는 안 된다. 만약 '우(芋)'라는 글자를 발음하여 부른 토란은 멈칫멈칫 물러나서 나타나지 않기 때문이다. 《물류상감지》[48]

若耕種欲取, 不得名之. 若呼芋字, 則逡巡不見. 《物類相感志》

관휴지 권제3 끝

灌畦志卷第三

45 《王禎農書》〈百穀譜〉3 "蓏屬" '芋', 100쪽;《農政全書》卷27〈樹藝〉"蓏部" '芋'(《農政全書校注》, 680쪽).

46 비황론(備荒論):《왕정농서》〈백곡보〉11 "음식류"의 편명. 흉년으로 인한 기근에 대비하는 방법을 논하였다.

47 《王禎農書》〈百穀譜〉11 "飲食類" '備荒論', 169쪽;《農政全書》卷27〈樹藝〉"蓏部" '芋'(《農政全書校注》, 681쪽).

48 출전 확인 안 됨;《廣群芳譜》卷16〈蔬譜〉"芋", 377쪽.

4

관휴지 권제 4
灌畦志卷第四

임원십육지 17
林園十六志十七

1. 약초류[藥類]

지황 심는 법은 다음과 같다. 갈대자리를 수레바퀴처럼 둥글게 엮되, 지름은 10척 남짓으로 한다. 흙으로 갈대자리 안을 채워 단(壇)을 만든다. 단 위 에 또 갈대자리를 놓고 그 안에 흙을 채워 한 층을 만든다. 이때 아랫단에 비해 지름을 1척 줄인다. 이와 같이 하여 부도탑[浮屠]처럼 몇 층의 계단을 쌓는다.
그제야 마디가 많은 지황뿌리를 0.1척 크기로 자르고, 단 위에 층마다 가득하게 심는다. 그런 다음 매일 물을 주어 무성하게 한다.

- I -

약초류[藥類]

藥類

1 인삼(人蔘)
2 황정(黃精)
3 둥굴레[萎蕤, 위유]
4 지황(地黃)
5 승검초[當歸, 당귀]
6 도라지[桔梗, 길경]
7 모싯대[薺苨, 제니]
8 삽주[朮]
9 쇠무릎[牛膝, 우슬]
10 천문동(天門冬)
11 맥문동(麥門冬)
12 결명(決明, 결명자)
13 더덕[沙蔘, 사삼]
14 궁궁이[芎藭, 궁궁]
15 노야기[香薷, 향유]
16 정가[荊芥, 형개]
17 영생이[薄荷, 박하]
18 방풍(防風)
19 우엉[牛蒡, 우방]
20 질경이[車前, 차전]

1. 인삼(人蔘)[1]

人蔘

1) 이름과 품종

名品

일명 '신초(神草)', '지정(地精)'이다.[2]

一名"神草", 一名"地精".

【본초강목】[3] 삼(蔘)은 본래 '삼(蓡)'이라 썼다. 햇수가 오래되면서 차츰차츰[浸漸] 자란다. 뿌리가 사람의 모습과 닮았고 신령스런 기운[神]이 있기 때문에 이를 '인삼(人蓡)', '신초'라 한다. 땅의 정령(精靈)을 얻어 자라기 때문에 또한 '지정'이라고도 한다.

【本草綱目】 蔘本作"蓡". 爲其年深, 浸漸長成也. 根如人形, 有神, 故謂之"人蓡"、"神草". 得地之精靈, 故又名"地精".

안 본초서에 "삼(蓡)은 상당(上黨)[4] 지방의 생산품을 제일로 치고, 신라·백제·고구려에서 나는 인삼은 그 다음으로 친다."[5]라 했다. 그렇다면 우리나라에서 나는 인삼은 참으로 천하의 명품이다.

按 本草"蓡以上黨者爲第一, 新羅、百濟、高麗者次之", 則吾東之產, 固天下之選也.

우리나라 풍속에 영남(경상도)·호남(전라도)에서 나는 인삼을 '나삼(羅蔘)'이라 하고, 관서(평안도)의 강계

東俗以產於嶺、湖南[1]者爲"羅蔘", 產於關西 江界等

---

1 인삼(人蔘): 쌍떡잎식물 두릅나무과에 속하는 여러해살이풀. 뿌리는 약용하며 그 형태가 사람 형상이므로 인삼이라 한다. 《임원경제지 인제지》 권24 〈부여(附餘)〉 "약재 채취 시기(상)" '초부·인삼'을 함께 참조 바람.

2 일명……지정(地精)이다: 《本草綱目》 卷12 〈草部〉 "人蔘", 699쪽에 보인다.

3 《本草綱目》, 위와 같은 곳.

4 상당(上黨): 중국 산서성(山西省)의 고산지대인 장치(長治) 일대의 옛 이름. 약용 인삼이 특산물이다.

5 삼(蓡)은……친다: 《本草綱目》 卷12 〈草部〉 "人蔘", 700쪽. 그 부분의 긴 내용을 간략히 표현한 것이다.

[1] 湖南: 저본에는 "南湖". 오사카본·규장각본에 근거하여 수정.

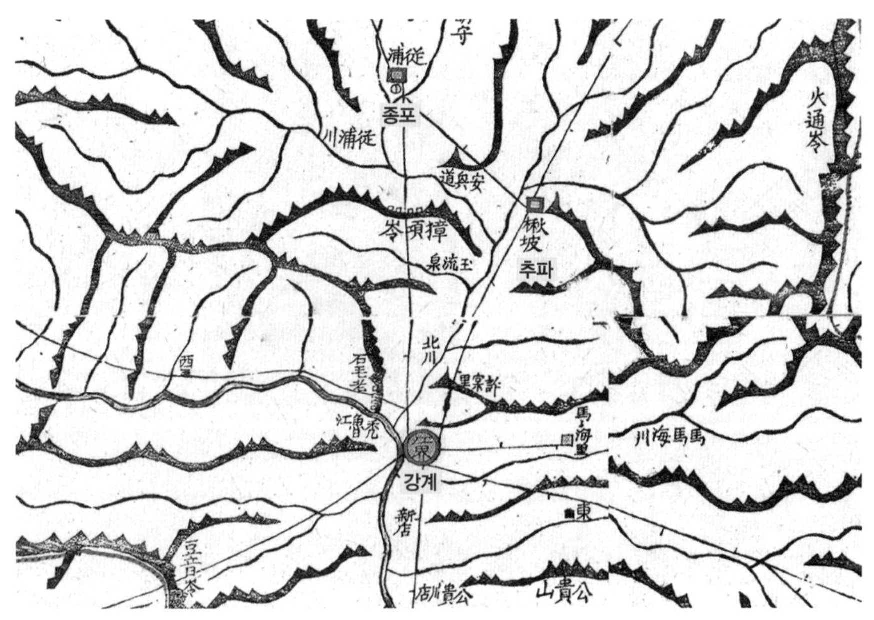

평안도 강계(《대동여지도》)

(江界)[6] 등의 지역 및 강원도의 여러 군(郡)에서 나는 인삼을 '강삼(江蔘)'이라 하며, 관북(함경도)에서 나는 인삼을 '북삼(北蔘)'이라 한다.

地及江原道諸郡者爲"江蔘", 産於關北者爲"北蔘".

---

6 강계(江界) : 지금의 북한 평안북도 강계군 일대.

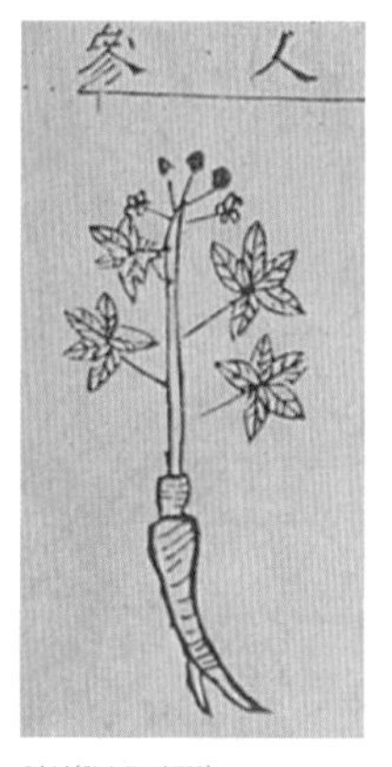

인삼(《본초강목》)

술에 담근 산삼(임원경제연구소, 파주시 금촌동 고기랑찌개랑에서 촬영)

위로는 궁궐에 공물로 바치고, 아래로는 일반 민가에 공급된다. 남쪽으로는 일본에 수출하고, 북쪽으로는 북경에도 판매한다. 용도가 다양하고 값이 비싸서 나라의 귀중한 재화이다.

上而[2]貢御, 下給閭閻. 南輸於倭, 北市於燕. 用殷價翔, 爲國重貨.

근래에 수십 년 전부터 산에서 나는 인삼이 점점 없어지고, 농가에서 재배하는 법이 경상도에서 계발되면서 재배가 시작되어 온 나라에 두루 퍼졌다. 이를 '가삼(家蔘)'이라 한다. 이 호칭은 산에서 나는 인

近自數十年來, 山産漸罄, 而家種之法作始于嶺南, 遍于國內. 謂之"家蔘", 所以別於山産也.

인삼뿌리(임원경제연구소, 파주시 금촌동 통일시장에서 촬영)

빨간색 인삼열매(이형만)

삼과 구별하기 위해서이다.

이시진(李時珍)은 "인삼은 10월에 씨앗을 거두어 봄이 되면 심는다. 채소를 심는 법과 같다."[7]라 했다. 그렇다면 중국에서는 농가에서 재배하는 법이 이미 우리나라보다 앞서 시행된 것이다】

李時珍云"人蔘, 十月收子, 待春, 下種. 如種菜法", 則中國家種之法, 已先於吾東矣】

인삼열매

인삼잎과 열매(이상 임원경제연구소, 파주시 군내면 읍내리 민통선에서 촬영)

7 인삼은……같다:《本草綱目》, 위와 같은 곳.

2 而: 저본에는 "以". 오사카본에 근거하여 수정.

2) 알맞은 토양

土宜

인삼은 더러움을 꺼리기 때문에 밭의 기름진 흙은 쓸 수가 없다. 그렇다고 산간의 토박한 흙도 써서는 안 된다. 반드시 깊은 산 속 햇볕을 등진 곳에서 나무가 빽빽하게 숲을 이루고, 묵은 뿌리 주변의 썩은 나뭇잎이 있어서, 거름을 주지 않아도 저절로 비옥한 흙을 취해야 한다.

蔘忌汚穢, 田間肥土, 不可用; 山間瘠土, 又不可用. 必取深山背陽處, 樹木叢密[3], 陳根腐葉, 不待糞穢而自肥者.

흙의 색깔은 짙은 흑색이어야 하고, 성질은 찰지지 않아야 하며, 결은 극도로 고와야 한다. 또 이를 반드시 체로 쳐서 사용해야 한다. 혹 상수리나무[橡][8]·밤나무[栗][9]·종가시나무[櫧]·떡갈나무[槲] 등의 잎을 햇볕에 말리고 곱게 가루 낸 다음 섞어 쓰면 효과가 더욱 빼어나다【흙과 나뭇잎가루의 비율은

其色欲深黑, 性欲不黏, 理欲極細, 又必篩過用之. 或取橡、栗、櫧、槲等葉, 曬乾細末, 相和更妙【以土二分、葉末一分爲準】.《種蔘譜》

파주시 군내면 읍내리 백학산 자락 인삼밭. 비닐하우스 너머로 멀리 보이는 산이 백학산이고, 그 너머에 서유구의 묘가 있다.(임원경제연구소, 파주시 군내면 읍내리 민통선에서 촬영)

8 상수리나무[橡]:《임원경제지 만학지》 권2 〈과일류(菓類)〉 "상수리(橡)"를 함께 참조 바람.

9 밤나무[栗]:《임원경제지 만학지》 권2 〈과일류(菓類)〉 "밤(栗)"을 함께 참조 바람.

[3] 密: 저본에는 "蜜". 오사카본·규장각본·《洛下生集·蔘書·第四論取土》에 근거하여 수정.

무성히 자란 인삼(인삼뿌리를 더 크게 하기 위해 꽃을 다 따주었다)

인삼잎(이상 임원경제연구소, 파주시 군내면 읍내리 민통선에서 촬영)

2:1로 기준을 삼는다】. 《종삼보(種蔘譜)[10]》[11]

---

10 종삼보(種蔘譜):인삼 재배법을 다룬 저술. 저자 미상. '씨앗 채취하기[取子]', '땅 고르기[取土]', '씨앗 심기[種子]', '뿌리 심기[種根]', '보호하고 기르기[護養]', '겨울철 보관하기[冬藏]', '봄에 심기[春種]', '치료[醫治]', '거두기[收採]', '자질구레한 말[瑣語]' 등의 총 12논(論)으로 나뉘어 수록되어 있다. 이학규(李學逵, 1770~1835)의 《낙하생집(洛下生集)》에 '삼서(蔘書)'라는 제목으로 필사되어 실려 있다. 제목 아래 소주(小注)로 "경신(庚申)"이라는 간지가 적힌 것으로 보아 1800년의 기록으로 보인다. 서영보(徐榮輔, 1759~1816)의 《죽석관유집(竹石館遺集)》과 성해응(成海應, 1760~1839)의 《연경재전집(研經齋全集)》에 《종삼보(種蔘譜)》라는 제목의 내용이 실려 있으나 여기서 인용된 내용과는 다르다.

11 출전 확인 안 됨; 《洛下生集》 第2冊 〈蔘書〉 "第四論取土"(《韓國文集叢刊》 290, 229쪽).

3) 심는 시기

청명(清明, 양력 4월 4·5일경) 전후 며칠 동안 심는다【영남과 호남 지방에서는 대부분 청명 전후에 심고, 경기도와 호서(湖西, 충청도) 지방에서는 대부분 곡우(穀雨, 양력 4월 20·21일경) 전후에 심는다】.《해동농서(海東農書)[12]》[13]

時候

清明前後, 數日種【嶺南、湖南多用清明, 京畿、湖西多用穀雨】.《海東農書》

12 해동농서(海東農書):서유구의 부친인 서호수(徐浩修, 1736~1799)가 편찬한 농서.《농가집성》·《증보산림경제》를 주 자료로 하고, 여기서 부족한 내용은 중국농서에서 보충했다. 당시 중국농법의 도입이 여러 학자들에 의해 제창되고 있었는데, 저자는, 농사는 환경이 다르면 종자선택, 농기사용, 농법이 달라지므로 우리나라 사정에 맞는 것을 골라 요약 수록해야 한다고 주장했다. 농사 연장의 그림이 실린 현존하는 책으로 가장 오래되었다.

13《海東農書》卷4〈草類〉"家蔘"(《農書》10, 322쪽).

4) 심기와 가꾸기 種藝

좋은 흙을 마련하고 나면, 깨끗한 동이를 가져다가 그 바닥에 물가의 굵은 모래를 0.1척 정도 깔고 물이 배어 나오게 한다. 그 위는 산 속에서 가져온 검은 흙으로 채운다.

既得佳土, 爰取淨盆, 下布水邊麤沙寸許, 令其滲水, 上實以山間黑土.

새로 채취한 인삼 종자를 오래 묵히지 말고 곧바로 동이 속에 뿌리되, 밀도를 적당하게 맞춘다. 그 위에 기름진 흙을 손가락 하나의 두께만큼 덮는다. 이듬해 봄이 되면 싹이 튼다.

取蔘子新採者, 勿令停久, 旋布盆中, 疏密隨宜. 上覆以肥土一指許. 俟來春, 便卽發芽.

간혹 싹이 트지 않는 경우도 있다. 이 또한 씨앗이 썩었기 때문이 아니라 조금 쇠었기 때문이다. 2년째에야 싹이 나거나, 또한 3년째에서야 싹이 나는 경우도 있다. 3년째에도 싹이 나지 않으면 더 이상 싹이 나지 않을 것이다. 《종삼보》[14]

或有未發芽者, 亦未是子壞, 卽是稍老. 二年乃生者, 亦或有三年乃生者. 三年不生, 則不生矣. 《種蔘譜》

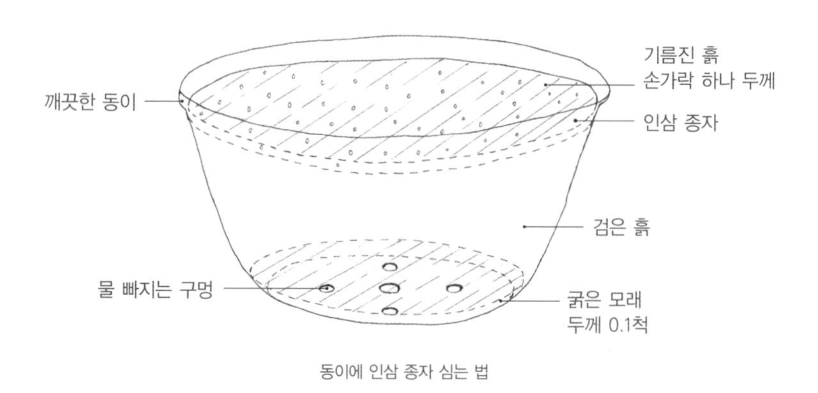

동이에 인삼 종자 심는 법

---

14 출전 확인 안 됨; 《洛下生集》 第2冊 〈蔘書〉 "第五論種子"(《韓國文集叢刊》 290, 230쪽).

인삼은 물을 좋아하면서도 습기를 싫어하고 더러움을 꺼린다. 그러므로 동이에 심는 경우에는 반드시 깨끗한 동이를 가져다가 그 바닥에 물가의 굵은 모래를 0.1척 정도를 깔고 물이 배어 나오게 해야 한다. 그 위는 산 속에서 가져온 비옥한 흙으로 채운다. 그런 뒤에 동이의 크기를 헤아려, 혹 3~6뿌리를 심기도 하지만, 정해진 수는 없다.

蔘好水惡濕, 忌穢. 故盆種者, 必取淨盆, 下布水邊麤沙寸許, 令其滲水, 上實以山間肥土. 然後量盆大小, 或種三四五六, 無定數.

땅에 심을 때는 먼저 땅을 손질하여 평평하게 한다. 이어서 사면으로 1척 정도의 높이로 돌을 쌓아 두른다. 바닥에는 자갈을 흩어 깔고 빈틈을 굵은 모래로 채워 평평하게 한다. 그 위에 다시 자갈 1층과 굵은 모래 1층을 더 깐다.

地種者, 治地令平. 四面砌石高尺許, 下散布礓石, 以麤沙填平. 更加礓石一層、麤沙一層.

그런 뒤에 비옥한 흙으로 채우고, 줄을 맞추어 삼을 옮겨 심는다. 이때 삼의 크기를 헤아려서 심는 간격을 조절하되, 대략 서로 0.4~0.5척 정도 떨어지게 한다. 그런 다음 0.2척 정도 두께로 흙을 덮는다. 《종삼보》[15]

然後實以肥土, 行列栽之, 量蔘大小以爲疏密, 大約相距四五寸許, 覆土二寸許. 同上

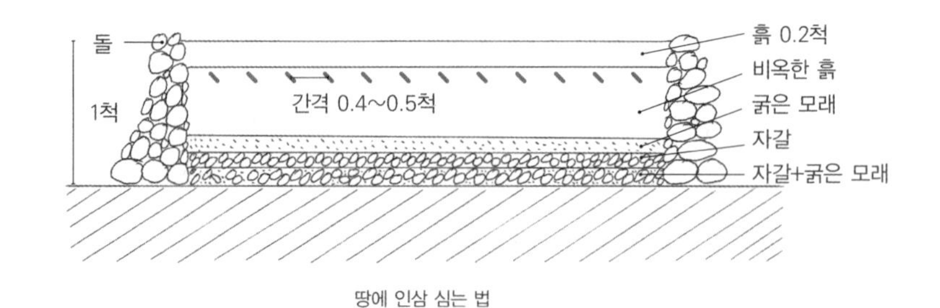

땅에 인삼 심는 법

15 출전 확인 안 됨; 《洛下生集》, 위와 같은 곳.

겨울철에 모종을 보관할 때는 삼이 완전히 얼어 버리지 않도록 해야 한다. 초봄에 언 땅이 막 풀리고, 풀싹이 조금 나면 곧 다시 옮겨 심을 수 있다. 다만 삼을 눕혀서 심어야 좋다.

冬月藏種, 令免凍透. 俟發春氷凍纔解, 草芽微出, 便可復種. 但以橫植爲佳.

대개 초봄에 눕혀 심어도 가을이 되어 다시 캐어 보면 누워 있던 삼이 저절로 곧게 서 있다. 삼이 누웠다가 한창 설 때는 불끈 힘을 쓰면서 근맥(筋脈)이 쫙 펼쳐지기 때문에, 자라기가 배나 쉬워진다. 《종삼보》[16]

蓋春初橫植, 及秋復採, 則橫者自豎. 方其自橫就豎, 鼓怒用力, 筋脈奮張, 滋長倍易. 同上

농가의 인삼 심는 법: 휴전이 몇 보인지 헤아려 길이와 너비를 알맞게 맞춘다. 밭의 둘레에 10척 남짓한 높이로 돌담을 쌓되, 영롱담[玲瓏][17]을 쌓아서 바람과 해가 통하도록 한다. 간혹 대나무를 엮어 울짱을 치기도 한다. 이는 사람이나 가축이 밭을 어지럽혀 망가뜨리거나 쥐가 인삼 갉아 먹는 일을 방지하기 위함이다.

家種蔘法: 度畦幾步, 長闊隨宜, 圍築石墻高丈餘, 玲瓏透風日. 或編竹爲柵, 所以防人、畜擾傷及鼠嚙也.

응달진 산골짜기 속에 썩은 잎이 검어진 부엽토(腐葉土)[18]를 파낸 다음 이를 체질하여 곱고 부드럽게 만든다【산삼은 개오동나무[檟][19]의 북쪽에서 많이

掘取向陰山谷中腐葉黝土, 篩下細嫩【山蔘多生檟[4]樹之北. 取檟[5]葉腐土尤妙】.

---

16 출전 확인 안 됨; 《洛下生集》 第2冊 〈蔘書〉 "第九論春種"(《韓國文集叢刊》 290, 234쪽).

17 영롱담[玲瓏]: 기와나 돌 등으로 구멍을 내어 쌓는 담. 풍석 서유구 지음, 임원경제연구소 옮김, 《임원경제지 섬용지(林園經濟志 贍用志)》 1, 씨앗을 뿌리는 사람, 2016, 195~196쪽과 함께 참조 바람.

18 부엽토(腐葉土): 풀이나 낙엽 따위가 썩어서 이루어진 흙.

19 개오동나무[檟]: 쌍떡잎식물 능소화과 낙엽활엽 교목. 중국 원산으로, 정원수로 심으며, 열매와 속껍질은 약으로 쓴다. 《임원경제지 만학지》 권4 〈나무류〉 "개오동나무(楸梓)"에 4종의 개오동나무를 소개했다. 개오동나무의 결이 백(白)색인 것은 재(梓), 적(赤)색인 것은 추(楸), 재(梓)중에서 무늬가 아름다운 것은 의(椅), 추(楸) 중에서 작은 것은 가(檟)라 했다.

[4] 檟: 《海東農書·草類·家蔘》에는 "椵".

[5] 檟: 《海東農書·草類·家蔘》에는 "椵".

난다. 그러므로 개오동나무의 부엽토를 가져다 쓰면 효과가 더욱 빼어나다】.

돌담 안에다 이 흙을 평평하게 깐다. 두께는 포백척(布帛尺)[20]으로 1척 남짓이면 된다【또는 휴전 안에다 구덩이 몇 개를 만들되, 구덩이는 구전법(區田法)[21]에 소개된 방법대로 만든다. 구덩이마다의 가로·세로의 길이는 포백척으로 2척, 깊이는 1.5척으로 한다. 그런 다음 바닥에는 모래와 돌을 0.5척 깔고, 그 위에 부엽토 1척을 깐다】.

平鋪墻內, 可布帛尺一尺餘【或於畦內治區若干, 如區田法. 每區每邊布帛尺二尺, 深一尺五寸, 下鋪沙石五寸, 上鋪腐葉土一尺】.

인삼을 심을 때는, 포기마다 서로 0.4~0.5척의 간격을 둔다. 이때 반드시 약간 눕혀 심어야지, 세워 심어서는 안 된다.

種之, 每本相距四五寸, 必須少偃, 勿豎.

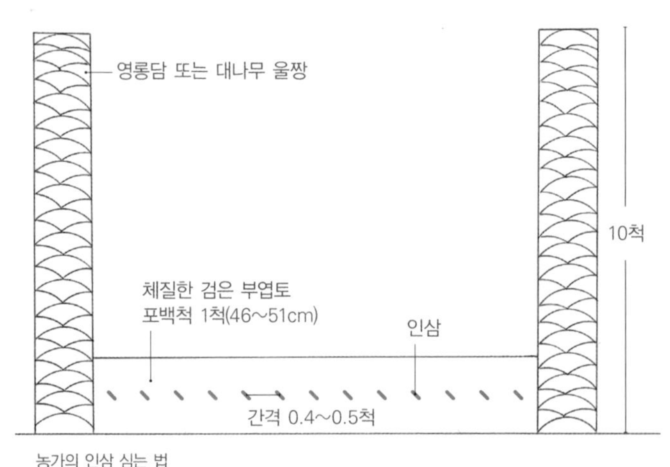

농가의 인삼 심는 법

20 포백척(布帛尺): 옷감의 치수를 측정하고, 포목의 매매와 의복을 만드는 데 사용한 자. 포백척 1척은 약 46~51cm. 서유구 지음, 정명현·김정기 역주, 《임원경제지 본리지(林園經濟志 本利志)》 1, 소와당, 2008, 91쪽을 참조 바람.

21 구전법(區田法): 농사를 짓기 위해 토지를 구획하는 법. 서유구 지음, 정명현·김정기 역주, 위와 같은 책, 125쪽을 참조 바람.

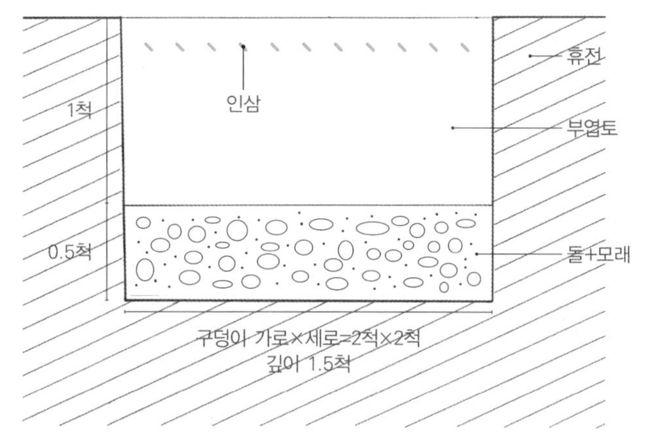

농가의 휴전에 구전 만들어 인삼 심는 법

가물면 물을 뿌려 적셔 준다. 이때 흙이 촉촉한 정도로만 해야지 흠뻑 젖게 해서는 안 된다. 봄에 인삼 1돈[錢]을 심으면 가을에 2~3돈을 얻을 수 있다. 《해동농서》[22]

旱則汎水漬之, 止取土潤, 勿令盈汨. 春種一錢重, 秋可得二三錢重. 《海東農書》

분종법(盆種法, 동이에 인삼 심는 법): 동이에 심을 때는 또한 부엽토를 동이 안에 채워, 휴전에 심는 법대로 심는다. 땅에 동이를 반쯤 묻고, 항아리에 가로로 구멍 2~3개를 뚫어 흙기운이 사방에서 모여들게 한다. 주위에 울짱을 치고 발을 덮어 주는 일 등은 모두 휴전에 심는 법과 같다. 《해동농서》[23]

盆種法: 盆種者, 亦以腐葉土實盆中, 倣[6]畦種法種之. 地埋半盆, 盆穿橫穴數三, 使土氣四湊. 圍柵覆簾, 皆如畦種法. 同上

22 《海東農書》 卷4 〈草類〉 "家蔘"(《農書》 10, 322쪽).

23 《海東農書》 卷4 〈草類〉 "家蔘"(《農書》 10, 323쪽).

[6] 倣: 저본에는 "放". 오사카본에 근거하여 수정.

인삼싹1

인삼싹2. 열매 맺힐 부분이 함께 나온다.

인삼싹3

인삼싹4(이상 임원경제연구소, 파주시 군내면 읍내리 민통선에서 촬영)

5) 인삼은 쉽게 나지 않는다

論蔘不易生

인삼은 영초(靈草, 신령한 약초)라서 본래부터 희귀하다. 게다가 씨앗이 쇠면 싹이 나지 않는다. 지금은 인삼을 가을이 되어 캔다. 이는 모두 씨앗이 익었을 때에 캐는 셈이다. 홍색 열매를 보고 나서야 인삼을 캐내기 때문에 채취한 인삼씨앗이 모두 너무 쇠어 싹이 나지 않는 것이다.

蔘靈草, 本自罕有, 兼之子老則不生. 今蔘爲秋採, 皆於子熟之時. 望其紅實而採之, 故所取之子, 皆過老不生.

사람이 캐는 과정을 거치지 않아서 씨앗이 저절로 맺혔다가 저절로 떨어지는 경우에도 반드시 씨앗이 너무 쇤 다음에 떨어진다. 그중에 미처 덜 여물어 싹이 쉽게 날법한 씨앗이라도 틀림없이 저절로 떨어지지 않는다. 그러므로 씨앗 100개 가운데 싹이 나는 경우는 겨우 1~2개이다. 이것이 인삼싹이 쉽게 나지 않는 까닭이다. 《종삼보》[24]

其不經人採, 自結自落者, 亦必在過老之後. 其微熟易生者, 必不自落. 是百子而生者僅一二. 此蔘所以不易生也. 《種蔘譜》

24 출전 확인 안 됨; 《洛下生集》 第2冊 〈蔘書〉 "第一論蔘不易生"(《韓國文集叢刊》 290, 228쪽).

6) 인삼은 쉽게 자라지 않는다

論蔘不易長

인삼의 발아가 이미 쉽지 않지만, 자라기는 더욱 쉽지 않다. 대개 인삼의 본성은 물을 좋아하면서도 습기를 싫어하며, 양달을 싫어하고 응달을 좋아한다.

蔘之生旣不易, 其長尤不易. 蓋蔘性好水而惡濕, 惡陽而喜陰.

비록 다행히 인삼씨앗을 싹이 트도록 했더라도, 만약 위로는 높아서 건조하고 아래로는 낮아서 습한 환경에 처하거나, 산비탈이 높아서 뜨거운 햇볕이 항상 내리쬐거나, 암석에 가려 아예 햇볕을 받지 못하면 모두 잘 자라지 못한다.

縱使蔘子幸而得生, 若上値高燥, 下値卑濕, 或山坡兀兀, 烈日恒曝, 或巖石蔽虧, 永無陽光, 皆不得長.

반드시 그 토질은 매우 기름지면서도 촉촉하고 배수가 잘 되는 조건을 서로 겸해야 한다. 초목이 울창하면서도 동시에 하늘빛이 새어 들어와 볕도 들고 그늘도 져야 한다. 그런 뒤에야 잘 자랄 수 있다.

必厥土肥厚, 潤滲相兼, 草木蒙密, 天光穿漏, 載陽載陰, 然後可以滋長.

그래서 옛말에, "삼아오엽(三椏五葉)[25]은 양달을 등지고 응달을 향해 있다. 나를 만나고 싶으면 개오동나무나 옻나무 아래서 찾으라."[26]고 했으니, 바로 이를 말한다.

古語曰"三椏五葉, 背陽向陰. 欲知我者, 檟、漆相尋", 正謂此也.

싹이 나도 생육 조건을 갖춘 땅 만나기는 매우 드물다. 이것이 인삼이 쉽게 자라지 않는 까닭이다【차라리 높아서 건조할지언정, 낮아서 습해서는 안 된다】. 《종삼보》[27]

其生而得地者絶少. 此蔘所以不易長也【寧高燥, 不可卑濕】. 《種蔘譜》

---

25 삼아오엽(三椏五葉) : 인삼을 달리 이르는 말. 줄기가 세 대[三椏]로 갈라지고 다섯 개의 작은 잎[五葉]이 손바닥모양으로 나기 때문에 붙여진 이름이다.

26 삼아오엽(三椏五葉)은……찾으라 : 《廣群芳譜》 卷93 〈藥譜〉 "人蔘", 2247쪽.

27 출전 확인 안 됨; 《洛下生集》 第2冊 〈蔘書〉 "第二論蔘不易長"(《韓國文集叢刊》 290, 228쪽).

인삼 줄기와 잎1

인삼 줄기와 잎2

인삼 줄기와 잎3(이상 임원경제연구소, 파주시 군내면 읍내리 민통선에서 촬영)

7) 보호하고 기르기

護養[7]

일반적으로 인삼은 동이에 심든 땅에 심든 관계없이 더러움을 몹시 꺼린다. 모종을 옮겨 심은 뒤에는 가는 대나무나 삼대로 울타리를 엮어 보호해 준다.

凡蔘無論盆種、地種, 切忌汚穢. 種蒔後, 取細竹或麻稭, 編籬圍護.

또 발이 가는 채반을 짜서 인삼 위에 이리저리 펼침으로써 뜨거운 햇볕을 쬘 수 없고, 폭우가 들이칠 수 없도록 해 주면, 자연히 잘 자란다. 이는 산삼이 그늘을 차지하려는 본성을 따른 것이다.

又編細箔橫布其上, 使烈陽不得曬, 暴雨不得注, 自然茁長. 此順其山生者喜占陰翳之本性也.

만약 오랫동안 가물면 동이에 심든 땅에 심든 관계없이 가장자리를 따라 도랑을 파서 맑은 물을 대 준다. 이때 물기가 밖에서부터 스며들게 해 주어야지, 위에서 물을 뿌리면 안 된다.

若久旱則無論盆種、地種, 沿邊掘濠, 澆以淸水. 令水氣自外潤透, 不得從上灑灌.

대개 위에서 물을 뿌려 주면 물기가 더러는 절반만 이르다 중간에 그치기 때문이다. 그러면 물기가 머문 자리는 습기로 인해 물러지고 손상되어 도리어 인삼에 해를 입힐 수 있다. 《종삼보》[28]

蓋從上灑灌, 則水氣或至半截而止. 水氣所止, 濕爛侵損, 反能爲害. 《種蔘譜》

담장이나 울짱 위에 가로로 서까래를 걸치고, 겨릅대[麻骨, 마골][29]나 갈대·대나무를 엮어서 발을 만들어 덮는다. 밤에는 발을 걷어 이슬을 맞힌다. 대개 이는 인삼의 성질이 뜨거운 햇볕과 폭우를 꺼리기 때문이다. 밤에 혹 비가 오면 발을 걷어서는 안 된다. 《해동농서》[30]

墻、柵之上, 架以橫梁, 編麻骨或葦、竹爲簾, 覆之. 夜則捲而承露. 蓋以蔘性忌暴陽、暴雨. 夜或有雨, 不可捲也. 《海東農書》

28 출전 확인 안 됨; 《洛下生集》 第2冊 〈蔘書〉 "第七論護養"(《韓國文集叢刊》 290, 232쪽).

29 겨릅대[麻骨, 마골] : 껍질을 벗긴 삼대.

30 《海東農書》 卷4 〈草類〉 "家蔘"(《農書》 10, 323쪽).

[7] 護養 : 오사카본에는 이 항목 앞의 '인삼은 쉽게 자라지 않는다' 항목 앞에 적혀 있고, 순서를 서로 바꾸라는 편집지시가 있다.

8) 치료

醫治

인삼 재배농가에서는 줄을 맞춰 인삼을 옮겨 심는다. 그러므로 여기에 병든 인삼 한 뿌리라도 있으면 금세 주위의 2~3개 뿌리에 전해져서, 마치 전염되는 역병처럼 빨리 번진다. 이때 마땅히 사람들이 역병을 피하듯이 옮겨 심어 주어야만 탈이 없다.

種蔘家行列栽之, 有一根病者, 俄傳傍數三根, 如天行疫癘速. 宜移栽如人避疫則無患.

또 인삼에 병이 난 경우에는, 병든 인삼의 뿌리를 캐어서 그 상태를 본다. 누런 진액이 전체에 퍼져 있거나 또는 절반 정도 퍼져 있으면 뿌리를 깨끗이 씻고 닦아 말린다. 여기에 호분(胡粉)[31]을 발라서 다시 심으면 무성하게 자란다.

又蔘有病者, 掘視之, 有黃液或遍身或半身, 洗淨拭乾, 以胡粉傅之, 更種則茂.

또 절반쯤 썩은 경우에는 먼저 대나무칼로 썩은 부위를 살살 도려낸다. 이어서 깨끗이 씻고, 달군 놋수저로 도려낸 부위를 지져서 진액을 말린다. 여기에 또 호분을 발라서 심으면 다시 살아난다. 《종삼보》[32]

又有半身腐者, 以竹刀輕輕刮去, 洗淨, 取鍮匙熁熱熨, 令液乾. 亦以胡粉傅而種之, 復活. 《種蔘譜》

9) 주의사항

宜忌

똥·오물·벌레·쥐·작은 새·시체냄새·볏짚을 금한다. 《종삼보》[33]

忌糞穢、蟲鼠、鳥雀、尸臭、稻草. 《種蔘譜》

---

31 호분(胡粉) : 조개나 굴 따위의 껍질을 구웠다가 갈아서 만든 가루.

32 출전 확인 안 됨; 《洛下生集》 第2冊 〈蔘書〉 "第十論醫治"(《韓國文集叢刊》 290, 235쪽).

33 출전 확인 안 됨; 《洛下生集》 第2冊 〈蔘書〉 "第十二瑣語"(《韓國文集叢刊》 290, 237쪽).

10) 거두기

收採

일반적으로 인삼은 심은 지 4~5년이 지나면 거둘 수 있다. 무게 4돈짜리 생근(生根, 말리지 않은 인삼뿌리)은 말리면 반드시 1돈이 된다. 4돈 이상 되는 인삼뿌리는 말리면 모두 1/4의 비율로 무게가 줄어든다. 만약 생육 연한이 오래되면 말린 무게가 무거울수록 더욱 좋다.

凡蔘種四五年, 便可收採. 生根重四錢者, 乾必爲一錢. 四錢以上, 皆以乾耗四分一爲率. 若延至多年, 彌重彌佳.

간혹 생삼으로 보관하거나 쪄서 숙삼(熟蔘)[34]으로 보관하는 법과 염조(捻造)[35], 씻고 다듬기[洗剔], 호수(糊鬚, 잔뿌리 붙여 만들기), 권미(卷尾, 뿌리 말아 인삼 만들기) 등의 기술은 모두 인삼을 가공하는 농가[蔘戶]의 일상적인 법에 갖추어져 있다. 《종삼보》[36]

其或生或熟及捻造、洗剔、糊鬚、卷尾等術, 俱有蔘戶常法. 《種蔘譜》

11) 보관하기

收藏

인삼이 바람과 볕에 자주 노출되면 쉽게 좀이 쏠아 먹는다. 이때는 오직 참기름을 담았던 옹기 항아리를 깨끗이 씻고 불에 쬐어 말린 다음 세신(細辛)[37]과 인삼을 한 켜씩 서로 번갈아 넣고 밀봉한다. 이와 같이 하면 해를 넘기도록 보관할 수 있다.

人蔘頻見風日則易蛀. 惟用盛過麻油瓦罐, 泡淨焙乾, 入細辛與蔘相間收之, 密封, 可留經年.

다른 법: 물로 걸러낸 아궁이재를 볕에 말린 다음 인삼과 함께 항아리에 거두어 두어도 좋다.

一法: 用淋過竈灰曬乾, 罐收亦可. 《四聲本草》

---

34 숙삼(熟蔘) : 오랫동안 온전한 상태로 보관하기 위해 물에 넣고 삶은 인삼. 뿌리의 잔털을 다듬어서 햇볕에 말린 인삼은 백삼(白蔘)이라 하고, 수삼(水蔘, 생삼)을 쪄서 말린 붉은 빛깔의 인삼은 홍삼(紅蔘)이라 한다.

35 염조(捻造) : 인삼의 뿌리가 손상되지 않게 나선형으로 잔뿌리를 정리하여 보관하는 법.

36 출전 확인 안 됨; 《洛下生集》 第2冊 〈蔘書〉 "第十一論收採"(《韓國文集叢刊》 290, 237쪽).

37 세신(細辛) : 쥐방울덩굴과에 속하는 여러해살이 초본식물인 족도리풀의 뿌리를 말린 약재. 맛이 매우며 감기·두통 등의 증상에 효능이 있다.

족도리풀

《사성본초(四聲本草)[38]》[39]

38 사성본초(四聲本草) : 중국 당나라의 문인 초병(肖炳, ?~?)이 《보주신농본초(補注神農本草)》를 기반으로 약명(藥名)의 첫 글자를 사성(四聲)에 따라 배열하여 편찬한 본초서. 원서는 일실되었고 그 내용 상당 부분이 명나라의 이시진(李時珍, 1518~1593)이 저술한 《본초강목(本草綱目)》 등에 수록되어 있다.

39 출전 확인 안 됨; 《本草綱目》 卷12 〈草部〉 "人蔘", 701쪽.

12) 종자 거두기

收種

인삼씨앗이 너무 덜 여물어도 싹이 나지 않고, 너무 쇠어도 나지 않는다. 반드시 6~7월에 약간 황색으로 변할 때를 기다려서 씨앗을 채취하면 싹이 나지 않는 경우가 없을 것이다【차라리 덜 여문 씨앗이 낫지, 쇤 씨앗은 안 된다. 종자를 거두는 시기는 초복 때를 기준으로 한다】.《종삼보》[40]

子過嫩不生，過老亦不生. 必待六七月間微變黃時採，無不生矣【寧嫩，不可老. 以初伏時爲準】.《種蔘譜》

꽃이 피고 씨앗이 맺히면 처음에 청색이다가 익으면서 홍색이 된다. 작은 대바구니에 부엽토를 채운 다음 줄기를 털어 씨앗을 받아서 땅광에 저장한다. 봄이 되어 싹이 트면 모종을 심는다. 이와 같이 하면 1년 이내에 새 뿌리가 바늘처럼 즐비하게 난다.《해동농서》[41]

開花結子，始青熟紅，以小籃盛腐葉土，振莖受子，藏于地窖. 待春吐芽而種之. 一年之內，新本已比針.《海東農書》

인삼열매1

인삼열매2

인삼열매3(이형만)

40 출전 확인 안 됨;《洛下生集》第2冊〈蔘書〉"第三論取子"(《韓國文集叢刊》290, 228쪽).
41 《海東農書》卷4〈草類〉"家蔘"(《農書》10, 322쪽).

13) 모종 보관하기

藏種

인삼은 겨울이 되면 반드시 모종을 보관하여 얼어 죽는 경우를 면하게 해야 한다.

蔘至冬月, 必須藏種以免凍壞.

그 법은 다음과 같다. 나뭇잎이 떨어진 뒤 살얼음이 얼기 전까지의 기간에 양지바르고 바람을 피할 수 있는 곳을 골라 2~3척 깊이로 땅을 판다. 이 곳을 깨끗한 흙으로 채운다. 삼뿌리를 캐서 이 흙에 차례대로 깊이 심는다. 그런 다음 손으로 흙을 단단하게 다지고서 깨끗한 흙을 그 위에 더 올린다.[42]

其法: 待木落氷濂之前, 擇向陽避風處, 掘深二三尺, 塡以淨土. 採取蔘根, 次第深種, 以手築堅, 上加淨土.[8]

그 위에 콩대를 두텁게 덮는다. 콩대가 없으면 멧대추나무[棘]를 쓴다【볏짚은 쓰지 말아야 한다】.

厚覆以豆稭. 無則用棘【勿用稻草】.

눈이 오면 바로 쓸고, 비가 오면 도랑을 낸다. 이 모든 공정은 모종 전체가 얼지 않는 조건이 되도록 해야 한다. 대체로 얼지 않은 인삼이 상등품이다. 얼었어도 녹지 않은 인삼은 그 다음이다. 얼었다가 녹았다가 한 인삼을 가장 꺼린다. 이런 경우는 예외 없이 반드시 상한다.

雪則旋掃, 雨則通溝, 要以不凍透爲度. 大抵不凍者上也, 凍而不解者次之, 最忌或凍或釋, 必壞無幸.

만약 위와 같은 법으로도 보관할 수 없을 때에는 차라리 응달 기슭에 보관한다. 초봄에는 언 인삼모종이 녹지 않다가 햇볕이 화창하게 퍼지면 그제야 비로소 녹기 때문이다. 한 번 녹으면 다시는 얼지 않는다. 인삼을 많이 심는 경우에도 굳이 이와 같이 할 필요는 없다. 다만 두텁게 덮어 주기만 해도 된다. 《종삼보》[43]

若不能如上法, 寧就陰崖, 以其發春不解, 直待陽和暢敷, 始乃融解. 一解不復凍耳. 多種者, 亦不必然. 只須厚覆亦可. 《種蔘譜》

---

42 삼뿌리를……올린다 : 원문에 없으나 교감하여 원문을 보충한 부분이다. 이 내용이 없으면 인삼모종을 넣는 과정을 알 수 없기 때문에 의미가 격감된다.

43 출전 확인 안 됨; 《洛下生集》 第2冊 〈蔘書〉 "第八論冬藏"(《韓國文集叢刊》 290, 233쪽).

[8] 採取蔘根……上加淨土(16자) : 저본에는 없음. 《洛下生集·蔘書·第八論冬藏》에 근거하여 보충.

인삼뿌리로 종자를 전하려는 경우에는 초겨울에 뿌리를 캐내어 질그릇단지 속에 넣되, 부엽토를 켜켜이 인삼뿌리 사이에 쌓는다. 이때 인삼뿌리가 서로 닿게 하지 말아야 한다. 그런 상태로 단지를 휴전에 묻었다가 봄이 오면 다시 심는다【산삼뿌리를 옮겨 심는 경우도 이 법과 같다. 그러나 산삼은 3년이 지난 뒤에야 비로소 자란다】.《해동농서》[44]

以蔘本傳種者, 初冬掘出, 納于盆罌, 以腐葉土層累相間, 勿令蔘本相碍. 仍埋其畦, 待春還種【山蔘本移種者, 亦同此法. 然過三年後始長】.《海東農書》

14) 자질구레한 말

瑣言

인삼 가운데 혹 1~2년이 되어도 싹이 나지 않는 경우가 있다. 그러나 이를 벌써 썩었다고 여겨서는 절대로 안 된다. 실제로는 진액이 아래로 내려가서 뿌리 아래쪽이 충실한 상태이다. 이런 상태의 인삼을 민간에서는 '삼면(蔘眠, 삼의 휴면)'이라 한다.

蔘或有一二年不生芽者, 切不可認作已壞. 却是津液下行, 根抵充實, 俗呼"蔘眠".

또 노두(蘆頭, 인삼대가리)[45]에서 옆으로 자라 원 뿌리를 방해하는 투근(妬根)이 있다. 이때 원 뿌리는 잘라 내어 필요한 데 쓰고, 투근만을 남겨 심는다. 이와 같이 하면 심은 지 1년 이내에 곧장 자라서 원 뿌리와 똑같이 된다. 이 방법을 민간에서는 '탁수(托鬚, 잔뿌리에게 맡기기)'라 한다.《종삼보》[46]

又有蘆頭傍生妬根者, 截取原根聽用, 只留妬根種之. 一年之內, 便能滋長, 與原根相等, 俗呼"托鬚".《種蔘譜》

44《海東農書》卷4〈草類〉"家蔘"(《農書》10, 322~323쪽).

45 노두(蘆頭, 인삼대가리): 뿌리에서 싹이 나오는 돌기 부분. 뇌두라고도 한다.

46 출전 확인 안 됨;《洛下生集》第2冊〈蔘書〉"第十二瑣語"(《韓國文集叢刊》290, 237쪽).

2. 황정(黃精)[1]

黃精

1) 이름과 품종

名品

일명 '무기지(戊己芝)', '황지(黃芝)', '구궁초(救窮草)', '선인여량(仙人餘糧)', '토죽(菟竹)', '녹죽(鹿竹)', '용함(龍銜)', '수주(垂珠)', '야생강(野生薑)'이다.[2]

一名"戊己芝", 一名"黃芝", 一名"救窮草", 一名"仙人餘糧", 一名"菟竹", 一名"鹿竹", 一名"龍銜", 一名"垂珠", 一名"野生薑".

【본초강목】[3] 황정(黃精)은 복식(服食)[4]에서의 중요한 약초이다. 도가[仙家]에서는 영지[芝草]의 종류라고 한다. 황정을 복용하면 대지[坤土]의 정수(精粹)를 얻을 수 있다고 생각했기 때문에 '황정'이라 한다.[5]

【本草綱目】 黃精爲服食要藥, 仙家以爲芝草之類. 以其得坤土之精粹, 故謂之"黃精".

《오부경(五符經)》[6]에 "황정은 천지의 순수한 정기를 받았기 때문에 '무기지(戊己芝)'[7]라 이름 붙였

《五符經》云: "黃精得天地之純精, 故名'戊己芝'." 亦

---

1 황정(黃精): 외떡잎식물 백합과의 여러해살이풀. 뿌리줄기를 약재로 사용한다. 《임원경제지 인제지》 권24 〈부여(附餘)〉 "약재 채취 시기(상)" '초부 · 황정(층층갈고리둥굴레 또는 죽대둥굴레)'을 함께 참조 바람.

2 일명……야생강(野生薑)이다: 《本草綱目》 卷12 〈草部〉 "黃精", 718~719쪽에 보인다.

3 《本草綱目》, 위와 같은 곳.

4 복식(服食): 음식과 단약을 복용하는 도가의 양생법.

5 황정은……한다: 흙 색깔의 상징은 황색이다. 이 때문에 대지의 기를 얻게 해 주는 약초 이름에 흙의 색인 황색을 넣은 것이다.

6 오부경(五符經): 중국 남북조 시대의 도교서 《영보오부경(靈寶五符經)》. 편찬자 미상. 총 3권. 현재 《정통도장(正統道藏)》에 《태상동현영보오부서(太上洞玄靈寶五符序)》가 전한다.

7 무기지(戊己芝): 음양오행론에서 십간(十干)의 무기(戊己)는 방위로는 중앙에 해당하고, 오행으로는 토(土)에 해당하므로, 대지의 기를 얻게 한다는 황정의 이칭이 된 것이다.

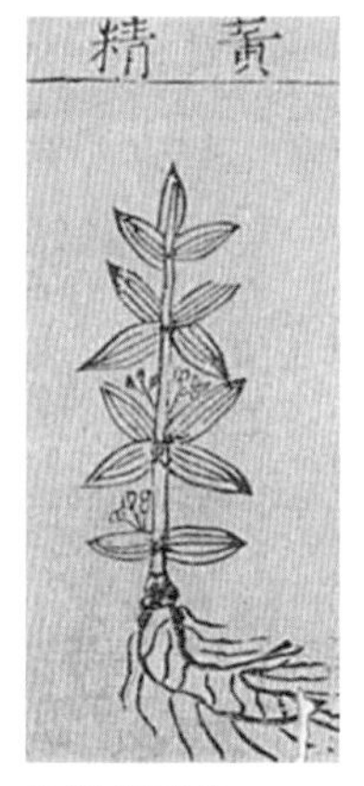

황정(《본초강목》)

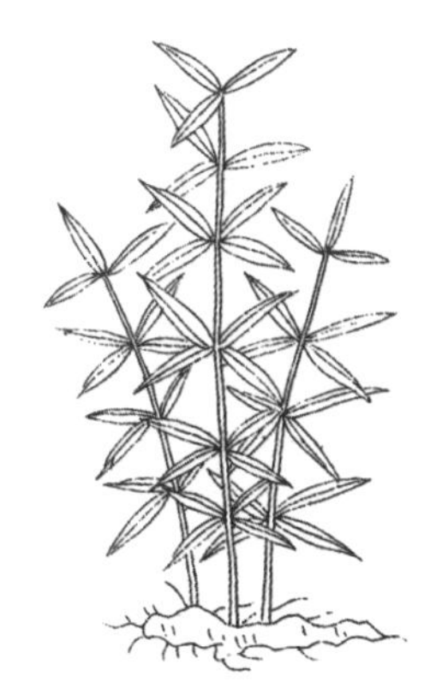

황정(《구황본초》)

다."[8]라 했다. 또한 무기지라는 이름이 이와 같은 의미이다.

此義也.

선인여량(仙人餘糧, 도인이 남겨 두는 양식)이나 구궁(救窮, 굶주림을 구제하는 약초)은 황정이 지닌 효과 때문에 붙여진 이름이다. 녹죽(鹿竹)이나 토죽(菟竹)은 잎이 댓잎과 비슷하고, 사슴[鹿]이나 토끼[兔]가 먹기 때문에 붙여졌다.

餘糧、救窮, 以功名也. 鹿竹、菟竹, 以葉似竹而鹿、兔食之也.

수주(垂珠)는 열매의 모양이 구슬[珠]과 비슷하기 때문에 붙여졌다. 황정잎은 댓잎과 비슷하지만 그와 달리 뾰족하지는 않다. 혹은 2엽이나 3엽, 4~5엽씩 모두 마디마다 마주 난다. 황정뿌리는 옆으로 뻗으며, 그 모습이 둥굴레[葳蕤, 위유]와 같다.

垂珠, 以子形似之也. 其葉似竹而不尖. 或兩葉、三葉、四五葉, 俱對節而生. 其根橫行, 狀如葳蕤.

---

8 황정은……붙였다:《太上洞玄靈寶五符序》卷中〈服食麋角延年多服耳目聰明黑髮方·靈寶黃精方〉(《中華道藏》4, 69~70쪽).

본초습유(本草拾遺)[9][10] 황정 가운데 잎이 한쪽으로만[偏] 나고 마주 나지 않는 것을 '편정(偏精)'이라 한다. 그러나 쓰임새는 마주 나는 황정[正精, 정정]만 못하다. 마주 나는 황정의 잎은 반드시 서로 대칭으로 난다.

本草拾遺 黃精葉偏生不對者, 名"偏精". 功用不如正精. 正精葉必對生.

안 우리나라에서는 평안도 영변(寧邊)[11]에서 나는 황정을 최고로 친다. 시금은 충청도 목천(木川)[12] 등지에서도 난다】

按 吾東之産以關西 寧邊者爲最. 今湖西 木川等地亦有之】

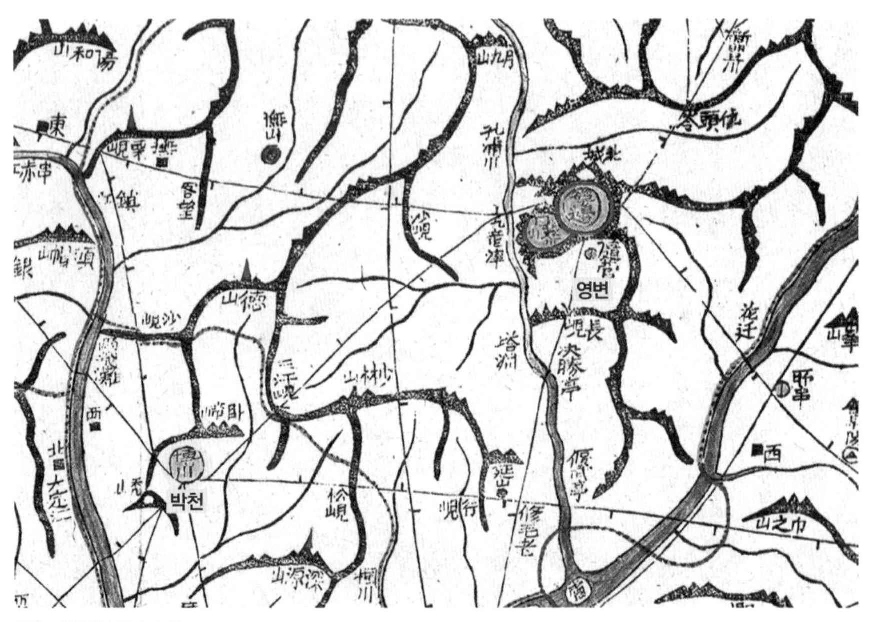

평안도 영변(《대동여지도》)

---

9 본초습유(本草拾遺): 중국 당나라의 문인 진장기(陳藏器, 약 687~757)가 편찬한 본초학 서적. 그 내용의 상당 부분이 명나라 이시진의 《본초강목(本草綱目)》에 수록되어 있다.

10 출전 확인 안 됨; 《本草綱目》 卷12 〈草部〉 "黃精", 719쪽.

11 영변(寧邊) : 지금의 북한 평안북도 영변군 일대.

12 목천(木川) : 지금의 충청남도 천안시 동남구 목천읍·동면·북면·성남면, 병천면(송정리 제외) 일대.

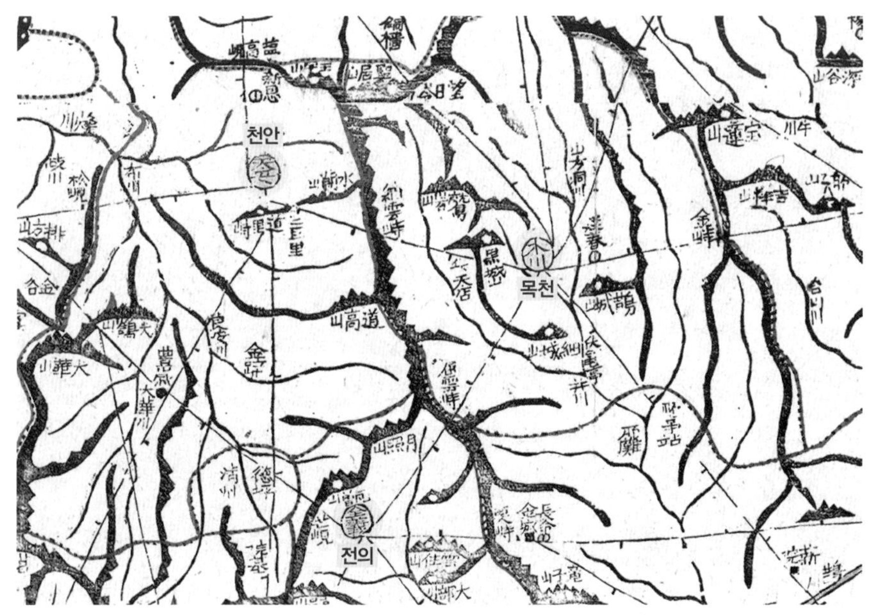

충청도 목천(《대동여지도》)

2) 종자 고르기

2월에 잎이 서로 마주 나는 황정을 고른다. 이것이 진황정(眞黃精, 참황정)이다. 《사시유요(四時類要)》[13][14]

擇種

二月擇取葉相對生者, 是眞黃精. 《四時類要》

3) 심기와 가꾸기

뿌리를 길이 0. 2척 정도 되도록 쪼갠 다음 간격을 드문드문하게 심는다. 그러면 1년이 지난 뒤에 간격이 매우 조밀해진다. 씨앗을 심어도 좋다. 《사시유요》[15]

種藝

取根擘長二寸許, 稀種之. 一年後, 甚稠. 種子亦得. 《四時類要》

---

13 사시유요(四時類要) : 저자와 시기 미상. 중국 당(唐)나라의 시인 한악(韓鄂)이 996년 농민의 생활과 민속을 월령체로 쓴 농서인 《사시찬요(四時纂要)》를 계승한 책으로 보인다.

14 《사시찬요 역주》 권2 〈이월〉 "농경과 생활" '황정 파종하기', 176쪽; 《農桑輯要》 卷6 〈藥草〉 "黃精"(《農桑輯要校注》, 242쪽).

15 《사시찬요 역주》, 위와 같은 곳; 《農桑輯要》, 위와 같은 곳.

심는 법은 지황(地黃)[16] 심는 법과 같다. 겨울철에 뿌리를 캐어 보관하는 법은 어린 생강 보관하는 법과 마찬가지이다. 《증보도주공서》[17][18]

種法, 與地黃同. 冬月窖根, 與嫩薑一般. 《增補陶朱公書》

4) 약재 제조

製造

8월에 뿌리를 캐어, 9번 찌고 9번 말린[九蒸九曝, 9증9포] 다음 황흑색을 띠는 과사를 만들면 매우 달고 맛있다. 《도경본초(圖經本草)》[19][20]

八月採根, 九蒸九曝, 作果黃黑色而甚甘美. 《圖經本草》

5) 쓰임새

功用

황정잎은 매우 향기롭고 맛이 좋아 채소 반찬으로 쓴다. 황정뿌리는 달여 마시기에 좋다. 이런 이유로 삽주[朮]와 황정은 도가[仙家]에서 중요하게 여기는 약재이다. 《사시유요》[21]

其葉甚香美, 入菜用. 其根堪爲煎. 朮與黃精, 仙家所重. 《四時類要》

---

16 지황(地黃): 아래의 '4. 지황(地黃)'을 참조할 것.

17 증보도주공서(增補陶朱公書): 저자 미상. 도주공(陶朱公)은 중국 춘추 시대 월(越)나라 왕 구천(句踐)의 신하인 범려(范蠡)이다. 범려는 화식(貨殖)에 뛰어났기에 상왕(商王)으로 불렸으며, 그런 그의 이름에 가탁하여 쓴 책으로 추정된다. 중국 명(明)나라 말기의 문인 진계유(陳繼儒)가 지은 《증보도주공치부기서(增補陶朱公致富奇書)》가 전해지며, 본문의 《증보도주공서》 기사와 일치하는 부분이 일부 있지만 같은 책인지 확정할 수 없다.

18 출전 확인 안 됨.

19 도경본초(圖經本草): 《본초도경(本草圖經)》의 이칭. 1061년에 중국 송나라의 의학자 소송(蘇頌)이 편찬하여 20권으로 간행한 의서. 중국 각 군현(郡縣)의 약초와 해외의 약물 자료를 수집하고, 여러 학자의 학설을 참고하고 정리해서 만들었다. 원서는 없어졌으나, 그 내용이 《본초강목》·《증류본초(證類本草)》 등에 전한다. 《도경(圖經)》이라 약칭하기도 한다.

20 《圖經本草》 卷4 〈草部〉 "上品之上" '黃精'(《本草圖經》, 79쪽).

21 《사시찬요 역주》 권2 〈이월〉 "농경과 생활" '황정 파종하기', 176쪽; 《農桑輯要》, 위와 같은 곳.

3. 둥굴레[萎蕤, 위유][1]

萎蕤

1) 이름과 품종

名品

일명 '위유(葳蕤)', '위이(萎移)', '위위(委萎)', '옥죽(玉竹)', '지절(地節)'이다.[2]

一名"葳蕤", 一名"萎移", 一名"委萎", 一名"玉竹", 一名"地節".

【본초강목】[3] 위유(葳蕤)는 초목(草木)이 잎을 드리운 모양이다. 이 약초는 뿌리가 길고 잔뿌리가 많으

【本草綱目】 葳蕤, 草木葉垂之貌. 此草根長多鬚,

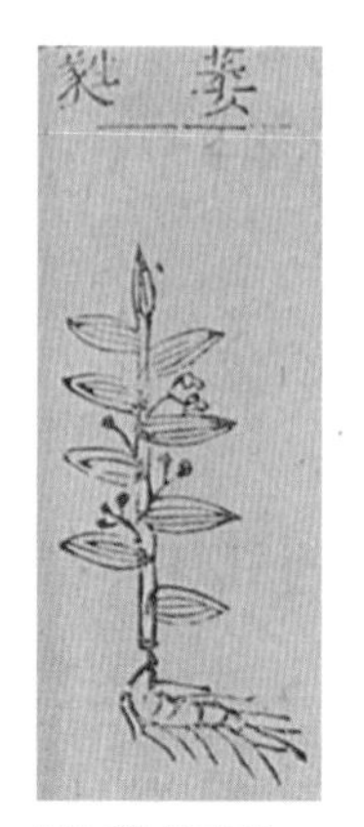

둥굴레(《본초강목》)

둥굴레싹(정성섭·김복남)

둥굴레꽃(임원경제연구소, 파주시 파주읍 연풍리에서 촬영)

---

1 둥굴레[萎蕤, 위유]: 외떡잎식물 백합과의 여러해살이풀. 봄철에 어린잎과 뿌리줄기를 식용한다. 한방에서는 뿌리줄기를 당뇨병·심장쇠약 등의 약으로 사용한다. 《임원경제지 인제지》 권24 〈부여(附餘)〉 "약재 채취 시기(상)" '초부·위유(둥굴레)'를 함께 참조 바람.

2 일명……지절(地節)이다:《本草綱目》卷12 〈草部〉 "萎蕤", 722쪽에 보인다.

3 《本草綱目》, 위와 같은 곳.

둥굴레뿌리(임원경제연구소, 파주시 금촌동 통일시장에서 촬영)

며, 마치 관(冠)끈의 아래로 드리워지는 부분[緌]과 같아서 위엄[威儀]이 있기 때문에 이와 같이 이름 붙였다.

如冠纓下垂之緌而有威儀, 故以名之.

《설문해자(說文解字)》에서는 '위이(萎蕤)'라 했는데,[4] 이는 음이 서로 비슷하기 때문이다. 《이아(爾雅)》에서는 '위위(委萎)'라 했는데,[5] 이는 글자가 서로 비슷하기 때문이다.

《說文》作"萎蕤", 音相近; 《爾雅》作"委萎", 字相近也.

산 속 곳곳에 있다. 뿌리는 가로로 뻗어 자라서, 황정뿌리와 비슷하지만 그보다 조금 작다. 황백색을 띤다. 본성이 부드럽고 잔뿌리가 많아 말리기가 가장 어렵다. 잎은 댓잎모양과 같으며, 둘씩 서로 마주하여 난다】[6]

處處山中有之. 其根橫生, 似黃精, 差小, 黃白色, 性柔多鬚, 最難燥. 其葉如竹, 兩兩相對】

4 위이(萎蕤)라 했는데:《說文解字》一篇下〈艸部〉(《說文解字注》, 38쪽).
5 위위(委萎)라 했는데:《爾雅注疏》卷8〈釋草〉(《十三經注疏整理本》24, 272쪽).
6 잎은……난다:그림과 사진의 둥굴레처럼 약간 어긋난 잎의 모양을 저자는 '마주하여 난다[相對]'고 표현했다.

2) 심기와 가꾸기

種藝

뿌리를 캐어 심으면 매우 쉽게 번성한다. 《본초강목》[7]

采根種之, 極易繁. 《本草綱目》

둥굴레 심는 법은 황정 심는 법과 모두 같다. 《산거록》[8]

種葳蕤, 一如黃精法. 《山居錄》

3) 쓰임새

功用

어린잎과 뿌리는 모두 삶아서 물에 헹궈 나물로 먹을 수 있다. 《본초강목》[9]

嫩葉及根, 竝可煮淘食茹. 《本草綱目》

잎은 먹을 수 있다. 뿌리의 쓰임새 역시 황정뿌리의 그것과 같다. 《산거록》[10]

葉可食, 根亦同黃精. 《山居錄》

둥굴레꽃

둥굴레(이상 임원경제연구소, 국립수목원에서 촬영)

---

7 《本草綱目》, 위와 같은 곳.

8 출전 확인 안 됨; 《居家必用》 戊集 〈種藥類〉 "種葳蕤"(《居家必用事類全集》, 184쪽).

9 《本草綱目》 卷12 〈草部〉 "萎蕤", 723쪽.

10 출전 확인 안 됨; 《居家必用》, 위와 같은 곳.

둥굴레줄기

둥굴레순(이상 임원경제연구소, 파주시 파주읍 연풍리에서 촬영)

4. 지황(地黃)[1]

地黃

1) 이름과 품종

일명 '하(芐)', '기(芑)', '지수(地髓)'이다.[2]

【일화본초(日華本草)[3][4] 생것을 물에 담가 시험해 보았을 때 물에 뜨면 '천황(天黃)'이라 하고, 반쯤 뜨고 반쯤 가라앉으면 '인황(人黃)'이라 하고, 가라앉으면 '지황(地黃)'이라 한다. 지황은 약에 넣는다.

名品

一名"芐", 一名"芑", 一名"地髓".

【日華本草 生者以水浸驗之, 浮者, 名"天黃"; 半浮半沈者, 名"人黃"; 沈者, 名"地黃". 入藥.

지황(《구황본초》)

지황순

1 지황(地黃) : 쌍떡잎식물 현삼과의 여러해살이풀. 뿌리는 굵고 육질이며 옆으로 뻗고 붉은빛이 도는 갈색이다. 생것을 생지황, 건조시킨 것을 건지황, 쪄서 말린 것을 숙지황이라고 한다. 최근 농촌진흥청에서는 지황의 유용성분 중 하나인 테르페노이드(terpenoid) 생합성 과정에 관여하는 유전자 174종을 발굴하고, 이 중 핵심 유전자 24종의 기능을 밝혔다(《매일일보》, 2022년 8월 2일). 《임원경제지 인제지》 권24 〈부여(附餘)〉 "약재 채취 시기(상)" '초부·지황'을 함께 참조 바람.

2 일명……지수(地髓)이다 : 《本草綱目》 卷16 〈草部〉 "地黃", 1019쪽에 보인다.

3 일화본초(日華本草) : 저자와 연대 미상의 의약서인 《일화자제가본초(日華子諸家本草)》의 약칭. 이 책은 이미 산실되었고 그 내용의 일부가 《증류본초(證類本草)》·《본초강목》 등에 보인다.

4 《本草綱目》, 위와 같은 곳.

지황잎과 지황순

지황 포기

지황뿌리(이상 국립원예특작과학원)

취나물(정성섭·김복남)

이아익(爾雅翼)[5][6] 하(苄, 지황)는 물밑으로 가라앉는[沈下] 것을 귀하게 여긴다. 그러므로 글자가 하(下)자를 따른다.

爾雅翼 苄以沈下爲貴, 故字從下.

구황본초(救荒本草)[7][8] 싹은 처음에 땅에 붙어서 난

救荒本草 苗初搨地生. 葉

5 이아익(爾雅翼):중국 남송의 학자 나원(羅願, 1136~1184)이 지은 이아(爾雅)의 주석서.

6 《爾雅翼》卷7〈釋草〉"苄"(《文淵閣四庫全書》222, 312쪽).

7 구황본초(救荒本草):중국 명나라의 황자 주숙(朱橚, ?~1425)이 편찬한 본초서. 기근에 유용한 작물 400여종에 관한 내용과 간략한 조리법이 서술되어 있다.

8 《救荒本草》卷4〈草部〉"地黃苗"(《文淵閣四庫全書》730, 741쪽).

다. 잎은 산백채(山白菜)[9] 잎과 비슷하지만 그와 달리 털이 거칠며, 잎면이 짙은 청색을 띤다. 또 겨자채[芥菜][10]의 잎과 비슷하지만 그와 달리 상당히 두껍다.

如山白菜葉而毛澀，面深青色，又似芥菜葉而頗厚.

잎 속에서 줄기를 길게 쭉 뻗어나오게 하고 그 위에 가느다란 솜털이 있다. 줄기의 끝에는 통모양의 꽃을 피운다. 꽃은 홍자색이다. 밀알과 같은 열매가 맺힌다. 뿌리의 길이는 0.4~0.5척이고, 가늘기가 손가락만 하다. 껍질은 적황색이다.

葉中攛莖，上有細毛，莖梢開筒子. 花紅紫色，結實如小麥粒. 根長四五寸，細如手指，皮赤黃色.

지황꽃1

지황꽃2

지황꽃3

지황꽃4(이상 국립원예특작과학원)

---

9 산백채(山白菜): 쌍떡잎식물 국화과의 여러해살이풀. 참취·동풍채(東風菜)라고도 한다.

10 겨자채[芥菜]: 쌍떡잎식물 겨자과의 한해살이풀.

안 진가모(陳嘉謨)[11]의 《본초몽전(本草蒙筌)》[12]에 다음과 같이 말했다. "지황 가운데 강소성(江蘇省)과 절강성(浙江省) 지역에 재배하는 지황은 남쪽 지방의 양기를 받았기 때문에 본 바탕은 비록 윤택하지만 약효는 작다. 반면에 회경부(懷慶府)[13]의 산중에서 나는 지황은 북쪽 지방의 음기를 받았기 때문에 껍질에 돌기[疙瘩]가 있어 울퉁불퉁하지만 약효는 크다."[14]

按 陳嘉謨《蒙筌》云: "地黃江、浙壤地種者, 受南方陽氣, 質雖光潤而力微; 懷慶山産者, 稟北方陰氣, 皮有疙瘩而力大."

우리나라에서는 남쪽이든 북쪽이든 모두 지황을

我國則南北俱罕種之. 惟

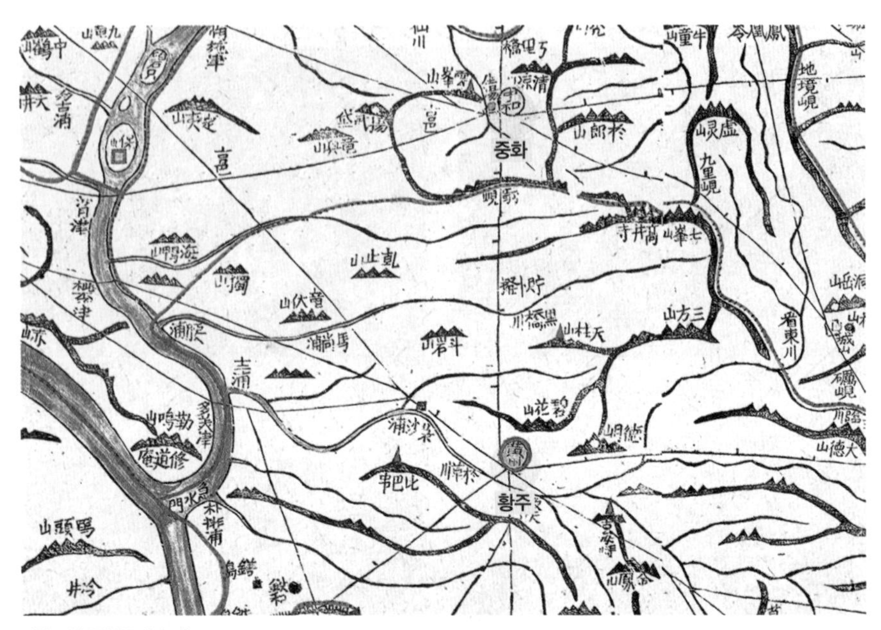

평안도 황주(《대동여지도》)

11 진가모(陳嘉謨): 16세기 전반 활동. 중국 명나라의 학자. 《본초몽전(本草蒙筌)》을 저술했다.

12 본초몽전(本草蒙筌): 진가모가 지은 본초류 저술이다. 전서는 모두 12권으로 이루어져 있고, 1525년에 간행되었다. 초목과 채소, 과일과 화초, 기암괴석과 동물, 곤충과 물고기 및 사람에 관한 내용을 10권에 나누어 담고, 448종의 약초류와 부록 338종을 2권에 다루었다. 모든 종류의 약재마다 맛과 속성, 독성의 유무, 산지, 품질, 채집방법, 가공법, 보관법, 주효능 등을 상세히 비교하여 소개해 놓았다.

13 회경부(懷慶府): 중국 명나라 때 설치된 지명. 하남성(河南省) 심양시(沁陽市) 일대.

14 지황……크다: 《本草蒙筌》 卷1 〈草部〉 上 "生乾地黃"(북경대학도서관본, 80쪽).

지황뿌리(임원경제연구소, 파주시 금촌동 통일시장에서 촬영)

심는 경우가 드물다. 오직 황해도 황주(黃州)[15]에서 나는 지황을 온 나라에서 제일로 친다. 황주 지역 토박이들은 지황을 채소밭에 심어서 곡식을 심은 밭보다 배나 이익을 본다. 대개 모종을 낼 때는 올바른 방법으로 모종에 거름주어야 하는 일은 애초에 남쪽이든 북쪽이든 차이가 있는 듯하지 않다】

海西 黃州之産爲國中第一. 土人種之園圃, 利倍穀田. 蓋由蒔, 培之得其方, 初不似南北有異也】

15 황주(黃州) : 지금의 북한 황해북도 황주군 일대.

2) 알맞은 토양

土宜

지황을 심을 때는 흑색을 띤 좋은 밭을 쓴다. 《제민요술》[16]

種地黃, 黑良田. 《齊民要術》

지황 심기는 매우 쉬워서 뿌리가 땅에 들어가기만 하면 산다. 옛날에는 지황을 심는 땅은 황토가 좋다고 했다. 그러나 지금은 그렇지 않다. 뿌리를 크게 하려면 기름지고 푸석푸석한 땅에 심어야 한다. 그러면 뿌리가 커지고, 즙이 많아진다. 《도경본초》[17]

種之甚易, 根入土卽生. 古稱種地黃宜黃土. 今不然. 大宜肥壤虛地, 則根大而多汁. 《圖經本草》

지황을 심을 때는 반드시 기름져서 좋은 땅이면서 부드러운 사질토로 된 밭이 가장 좋다. 《산거록》[18]

種地黃, 須肥良地沙軟者爲上. 《山居錄》

3) 심는 시기

時候

3월 상순이 가장 좋은 시기이고, 중순도 무난한 시기이고, 하순은 너무 늦은 시기이다. 《제민요술》[19]

三月上旬爲上時, 中旬爲中時, 下旬爲下時. 《齊民要術》

4) 심기와 가꾸기

種藝

지황을 심는 법은 다음과 같다. 5차례 골고루 곱게 밭을 갈아서 1묘에 5석의 지황뿌리를 심는다. 심을 때는 3월 중에 캐어 수확한 뿌리를 다시 가져다

種法: 五徧細耕, 一畝下種五石. 其種還用三月中掘取者, 逐犂後下之.[1] 至四月

16 《齊民要術》 卷5 〈伐木·種地黃法附出〉 第55(《齊民要術校釋》, 381쪽).

17 《圖經本草》 卷4 〈草部〉 "上品之上" '地黃'(《本草圖經》, 80쪽).

18 출전 확인 안 됨; 《居家必用》 戊集 〈種藥類〉 "種地黃"(《居家必用事類全集》, 181쪽).

19 《齊民要術》, 위와 같은 곳.

[1] 下之: 《齊民要術·伐木·種地黃法附出》에는 "如禾麥法下之". 《농상집요(農桑輯要)》의 저자들도 권6에서 《제민요술》을 인용하면서 "如禾麥法" 4자를 삭제했다. 이 4자가 없어야 전후 문맥에 맞을 듯하다.

가 쟁기 뒤를 따라가며 심는다. 4월말에서 5월초 무렵이 되면 지황싹을 틔운다. 싹이 난 뒤에 8월말에서 9월초 무렵이 되어 뿌리가 굵어지면 사용하기에 적당하다.

末五月初, 生苗. 訖至八月盡九月初, 根成中用.[2]

만약 남겨서 종자로 쓰려면, 곧바로 땅속에 두고 캐내지 말아야 한다. 이듬해 3월이 되면 캐서 종자로 사용한다. 계산해보면 5석을 심은 1묘에서 지황 뿌리 30석을 거둘 수 있다.

若須留爲種者, 卽在地中勿掘之. 待來年三月, 取之爲種. 計一畝可收根三十石.

잡초가 있으면 즉시 김매어 주되, 횟수를 한정하지는 않는다. 김매어 줄 때에는 별도로 날이 작은 호미를 만든다. 그리하여 김맬 때 자잘한 흙이 잎 모여 나는 중심[心]을 덮지 않도록 해야 한다.[20]

有草卽鋤, 不限徧數. 鋤時別作小刃鋤, 勿使細土覆心.

올해 가을에 수확이 끝나면 이듬해에는 다시 심을 필요도 없이 지황이 저절로 난다. 오직 김을 매어 주기만 한다. 이런 방식이면 4년 동안은 지황을 심을 필요가 없다. 모두 남아 있는 뿌리에서 저절로 자라기 때문이다. 《제민요술》[21]

今秋收訖, 至來年, 更不須種, 自旅生也. 唯須鋤之. 如此, 四年不要種之, 餘根自出矣. 《齊民要術》

지황 심는 법은 다음과 같다. 갈대자리를 수레바퀴처럼 둥글게 엮되, 지름은 10척 남짓으로 한다. 흙으로 갈대자리 안을 채워 단(壇)을 만든다. 단 위에 또 갈대자리를 놓고 그 안에 흙을 채워 한 층을

種法: 以葦席圍編如車輪, 徑丈餘, 以壞土實葦席中爲壇, 壇上又以葦席實土爲一級, 比下壇徑減一尺.

---

20 김매어……한다 : 지황은 잎이 바닥 쪽에서 무더기로 나다가 그 한가운데에서 나중에 줄기를 올린다. 김매기 도중 흙이 튀어서 줄기가 나오게 될 잎들의 중심 부분을 덮으면 줄기를 제대로 낼 수 없다. 이 때문에 흙이 잎들의 중심으로 들어가지 않도록 작은 호미로 세심하게 김매야 한다는 주의사항을 언급한 것이다.

21 《齊民要術》, 위와 같은 곳.

[2] 用 : 《齊民要術·伐木·種地黃法附出》에는 "染". 지황을 황색 염료로 사용할 수는 있으나 다른 염료보다는 색감이 떨어진다. 따라서 "染"을 쓰지 않은 이유를 이해할 만하다.

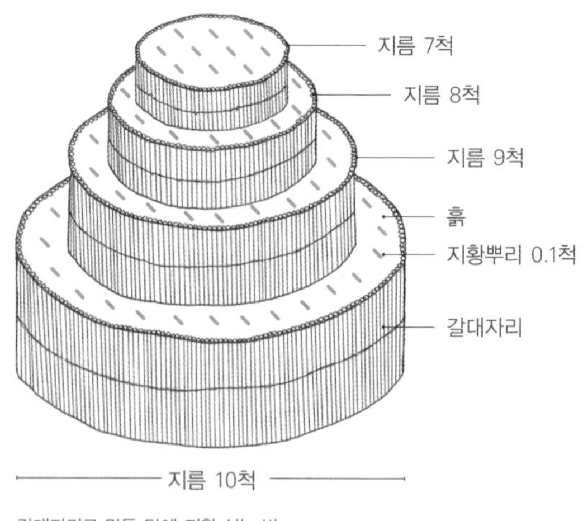

갈대자리로 만든 단에 지황 심는 법

만든다. 이때 아랫단에 비해 지름을 1척 줄인다. 이와 같이 하여 부도탑[浮屠][22]처럼 몇 층의 계단을 쌓는다.

如此數級如浮屠.

그제야 마디가 많은 지황뿌리를 0.1척 크기로 자르고, 단 위에 층마다 가득하게 심는다. 그런 다음 매일 물을 주어 무성하게 한다.

乃以地黃根節多者寸斷之, 蒔壇上, 層層令滿, 逐日水灌, 令茂盛.

춘분(春分, 양력 3월 20·21일경)이나 추분(秋分, 양력 9월 20·21일경)이 되면, 위층에서부터 뿌리를 캔다. 이렇게 하면 뿌리가 모두 길고 크며, 끊어지거나 꺾이지 않는다. 이는 바로 캘 때 뿌리가 호미에 찍혀 상하지 않았기 때문이다. 《도경본초》[23]

至春、秋分時, 自上層取之, 根皆長大而不斷折, 不被斸傷故也. 《圖經本草》

지황을 심을 때 옛날 사람들은 씨앗을 심었지만,

古人種子, 今惟種根. 臘月

22 부도탑[浮屠]: 덕이 높은 승려의 사리나 유골을 넣고 쌓은 둥근 돌탑.

23 《圖經本草》, 위와 같은 곳.

오늘날에는 오직 뿌리를 심는다. 12월에 지황뿌리를 0.2척 길이로 잘라 휴전에 나누어 심는다. 그런 다음 푹 삶은 흙으로 덮어 주고, 그 위에 다시 겨울을 나면서 썩은 풀로 덮어 준다. 그리고 봄부터 가을까지 5~6차례 김을 맨다. 《증보도주공서》[24]

取地黃切二寸長, 分畦種之. 蓋以熟土, 覆以經冬爛草. 自春至秋凡五六耘. 《增補陶朱公書》

뿌리를 잘라 휴전에 심은 다음 거름을 주고 물을 뿌려 준다. 그러면 1년이 지난 뒤에는 휴전에 지황이 가득하여 사랑스럽다. 이 식물은 여러해살이풀로 뿌리를 캐내어도 다시 난다. 꽃은 가을에 거두어 두었다가, 겨울철 쓰임에 충당한다.

取根斷之, 畦中種之, 上糞下水. 一年以後, 滿畦可愛. 此物宿根, 采却還生. 其花秋收以充冬用.

뿌리를 달이거나 말려 숙지황을 만들려면 별도의 휴전에 큰 구덩이 여러 개를 판다. 이때 구덩이의 면적[廣輪]은 10척² 정도, 깊이는 3척이면 된다. 바닥에 벽돌을 빽빽하게 깔고, 그 위에 재차 똥거름과 모래흙을 채운다. 그런 뒤에 굵은 지황뿌리를 0.1척 크

欲取根作煎及乾者, 別於畦中, 掘取數箇大坑, 廣輪一丈許, 深可三尺. 其底布塼令密, 還塡糞及沙土實之. 然後取肥地黃寸斷種

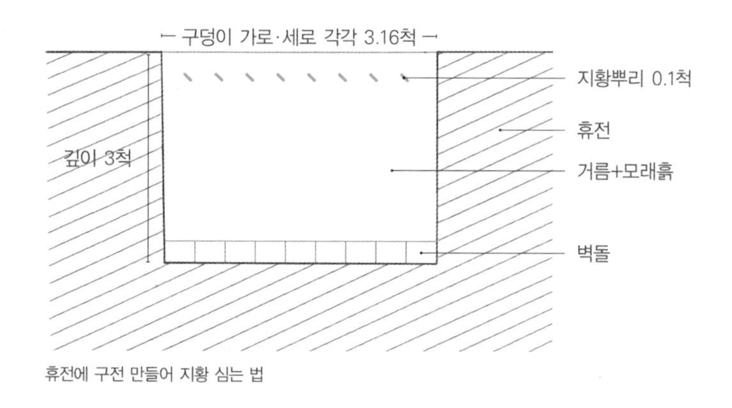

휴전에 구전 만들어 지황 심는 법

24 출전 확인 안 됨.

기로 잘라서 심되, 구덩이에 가득 채운다. 之, 令滿坑.

그러면 오래 지나지 않아서 구덩이는 지황뿌리로 가득 차며, 지황뿌리는 매우 굵고 길어진다. 구덩이 바닥에 벽돌이 깔려 있기 때문에, 뿌리가 더 길어지지 않고 오직 굵어지기만 할 뿐이다. 이와 같이 하면 10개 정도의 구덩이만 만들어도 사용하기에 충분하다.

不久坑總是根, 甚麤長. 緣下有塼, 唯麤而已. 但作得十坑許, 當足用.

또한 깊이 3척, 길이 10척인 구덩이를 만드는 법도 있다. 이 구덩이의 입구 너비는 1척이 되게 한다. 이어서 서까래로 갈빗대와 같은 틀을 만들고, 그 틀에 울타리를 붙인다. 구덩이 바닥에는 또한 벽돌을 깐다. 울타리 위에 0.5척 정도 두께로 흙을 깐다. 가물면 물을 대어 준다. 그러면 3년이 지난 뒤에는 지황이 굵어진다.

亦有坑, 深三尺, 長一丈, 其坑口闊一尺. 以椽[3]作肋, 肋着笆籬, 坑底亦布塼. 笆籬上安土, 厚五寸許. 旱則澆水, 三年已後卽麤.

다만 이 법은 실행하기 위한 밑작업을 하기 어렵기 때문에 곧바로 구덩이를 만드는 것만 못하다. 이는

但此法難事, 不如直作坑者. 任人所辦.《山居錄》

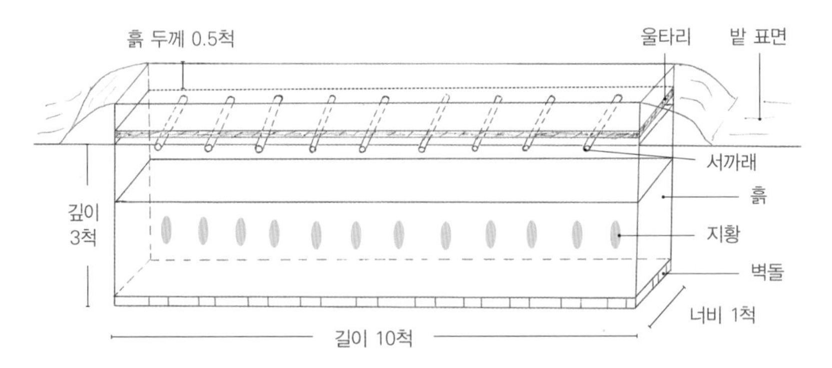

서까래와 울타리로 덮은 구덩이에 지황 심는 법(추정도) 깊이 3척인 구덩이에 흙을 가득 채우면 지황이 위로 자랄 공간이 없기 때문에 그 공간이 필요하다고 판단하여 추정도를 이렇게 그렸다.

[3] 椽: 저본에는 "緣".《居家必用·種藥類·種地黃》에 근거하여 수정.

일을 잘 하는 사람이 해낼 수 있는 일이다. 《산거록》[25]

또 다른 방법: 먼저 12월 전에 밭을 푹 삶고, 1월이 되면 3~4차례 곱게 써레질을 한다. 그런 다음 너비 2척으로 도랑을 만들고, 양 도랑 사이에 너비 4척으로 휴전 1개를 만든다. 휴전은 약간 높고 평평하며 매우 단단하게 만들어서 물을 잘 흡수하지 않게 한다.

一法: 先於十二月耕熟, 至正月, 細耙三四遍. 然後作溝, 闊二[4]尺; 兩溝作一畦, 闊四尺. 其畦微高而平, 硬甚不受水.

3월초에 지황뿌리를 심는다. 싹이 나기 전에 뿌리에 물이 닿으면 바로 썩어 버린다. 그러므로 휴전 속에 또 깊이 0.3척으로 도랑을 파서 만든다. 지황뿌리를 0.2척 크기로 잘라 이 도랑 안에 심은 다음 잘 삭은 똥거름흙을 0.3척 정도의 두께로 덮는다. 그러면 1묘마다 지황 자른 뿌리 50근을 사용한다.

三月初種, 苗未生時得水卽爛, 畦中又撥作溝, 深三[5]寸. 取地黃切長二寸, 種於溝內, 以熟糞土蓋厚三寸許. 每一畝用根五十斤.

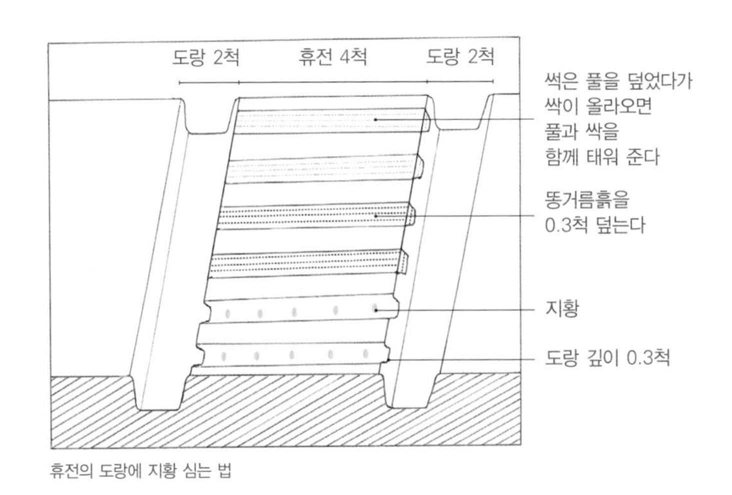

휴전의 도랑에 지황 심는 법

25 출전 확인 안 됨;《居家必用》戊集〈種藥類〉"種地黃"(《居家必用事類全集》, 181쪽).

[4] 二:《居家必用·種藥類·種地黃》에는 "一".

[5] 三:《居家必用·種藥類·種地黃》에는 "一".

흙을 덮는 작업이 끝나면, 겨울을 나면서 썩은 풀을 거두어다가 덮어 준다. 싹이 조금 올라오면 불로 이 풀을 태우면서 지황의 싹도 태워 버린다. 그러면 그 뒤에 다시 난 잎은 통통하고 무성하며, 뿌리는 더욱 튼튼해진다.

蓋土訖, 卽[6]收經冬爛草覆之. 俟芽稍出, 以火燒其草, 令燒去其苗. 再生葉肥茂, 根益壯.

봄부터 가을까지 모두 5~6번 김을 맨다. 이때 호미를 사용하면 안 된다. 1년 뒤 이전 해에 심은 뿌리가 휴전에 가득 차면, 뿌리를 모두 캐내도 다시 난다. 8월에 뿌리를 캔다. 하지만 겨울이 되었을 때가 더욱 좋다. 때가 되었는데도 캐지 않으면 뿌리가 너무 커진다.

自春至秋, 凡五六耘, 不得用鋤, 一年後滿畦宿根, 採訖還生. 八月採根, 至冬尤佳. 若至時不採, 其根太盛.

만약 가을에 다 캤으면 이듬해 봄에 다시 심지 않는다. 그렇더라도 새로 나는 지황을 여전히 3~4년 동안은 계속 얻을 수 있다. 다만 지황을 다 캔 뒤에는 이듬해까지 김만 매 줄 따름이다【구선신은서(臞仙神隱書)[26] 옛법을 참고하여 시험해 보니, 이 법이 가장 좋다】. 《산거록》[27]

若秋採訖, 至春, 不復更種, 其生者猶得三四年. 但採訖, 比至明年, 耨耘而已【臞仙神[7]隱書 參驗古法, 此爲最良】. 同上

꽃이 진 지황의 한여름 모습(이상 국립원예특작과학원)

26 출전 확인 안 됨;《居家必用》戊集〈種藥類〉"種地黃"(《居家必用事類全集》, 182쪽).

27 출전 확인 안 됨;《居家必用》, 위와 같은 곳.

[6] 卽 : 오사카본에 "'卽'은 '則'과 같다(卽似則)."라는 설명을 이 항목의 맨 끝에 찌로 적어 붙여 놓았던 흔적이 있다.

[7] 仙神 : 저본에는 "神仙". 오사카본·규장각본에 근거하여 수정.

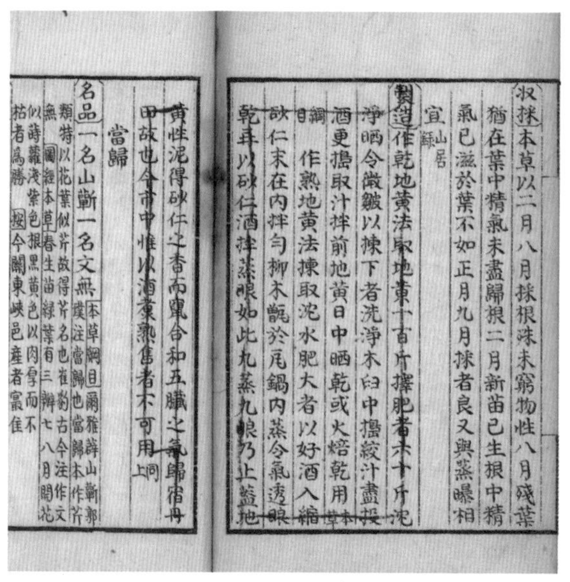

收採 本草以二月八月採根殊未窮物性八月殘葉猶在葉中精氣未盡歸根二月新苗已生根中精氣已滋於葉不如正月九月採者良又與蒸曝相宜 山居錄

製造 作乾地黃法取地黃一百斤擇肥者六十斤洗淨晒令微皺以揀下者洗淨木臼中擣絞汁盡投酒更擣取汁拌前地黃日中晒乾或火焙乾用 本草綱目

作熟地黃法揀取沈水肥大者以好酒入縮砂仁末在內拌勻柳木甑於瓦鍋內蒸令氣透晾乾再以砂仁酒拌蒸晾如此九蒸九晾乃止蓋地黃性泥得砂仁之香而竄合和五臟之氣歸宿丹田故也今市中惟以酒煮熟售者不可用 同上

當歸

名品 一名山蘄一名文無 本草綱目 爾雅薛山蘄郭璞注當歸也當歸本作芹類特以花葉似芹故得芹名也崔豹古今注作文無 圖經本草 春生苗綠葉有三瓣七八月開花似蒔蘿淺紫色根黑黃色以肉厚而不枯者爲勝 攷 今關東峽邑産者最佳

오사카본에 '제조(製造)' 항목을 추가했다가 지운 흔적(각주 [8]과 함께 참조 바람)

5) 거두기

본초서에 "2월과 8월에 지황뿌리를 캔다."[28]라 했

收採[8]

本草以"二月、八月採根",

---

28 2월과……캔다:《本草綱目》卷16〈草部〉"地黃", 1019쪽;《圖經本草》卷4〈草部〉"上品之上" '地黃'(《本草圖經》, 80쪽).

[8] 收採:오사카본에는 이 항목 뒤에 '製造' 항목 151자를 더 적었다가《인제지》권24〈부여(附餘)〉"약 만들기 총론" '그 밖의 약 제조 방법'으로 옮기고, 삭제한 흔적이 그대로 남아 있다. 아래에《인제지》로 옮겨간 원문과 번역문을 참고로 싣는다.

【건지황】

[본초강목] 말리는 방법은 지황 다음과 같다. 100근 중에서 굵은 것 60근을 택하여 깨끗이 씻은 다음 햇볕을 쪼여 말려서 약간 쭈글쭈글해지게 한다. 하품으로 가려낸 나머지 40근은 깨끗이 씻은 다음 나무절구에 넣고 찧어서 즙을 다 짜낸 뒤, 여기에 술을 붓고 다시 찧어서 즙을 얻는다. 이 즙을 앞의 지황과 섞어서 햇볕을 쪼여 말리거나 불에 배건하여 쓴다(【乾地黃】[本草綱目] 其法: 取地黃一百斤, 擇肥者六十斤洗淨, 曬令微皺. 以揀下者洗淨, 木臼中擣絞汁盡, 投酒更擣取汁. 拌前地黃, 日中曬乾, 或火焙乾用).

【숙지황】

[도경본초] 숙지황 만드는 법: 굵은 지황 20~30근을 깨끗이 씻는다. 이와는 별도로 하품으로 가려낸 가늘고 짧은 지황 20~30근을 찧어서 즙을 짜낸다. 짜낸 즙을 석기 안에 넣고 굵은 지황을 담갔다 걸러서 지황에 즙이 고루 스며들게 한 다음 시루에 올려 찔 때도 3~4번 적셔 낸다. 수시로 지황즙이 스며들게 적셨다가 다시 건져내어 시루에 찌기를 마치면 다시 햇볕에 말려 즙이 다 없어지도록 한다. 이렇게 하면 그 지황은 당연히 옻처럼 검은 빛이 나고, 맛은 엿처럼 달게 된다. 이를 반드시 자기에 담는데, 이는 숙지황의 미끌미끌하고 부드러운 성질이 윤택한 것을 좋아하기 때문이다(【熟地黃】[圖經本草] 作熟地黃法: 取肥地黃三二十斤洗淨, 別以揀下瘦短者三二十斤擣絞取汁, 投石器中, 浸漉令浹, 甑上浸三四過, 時時浸濾轉蒸訖, 又曝使汁盡. 其地黃當光黑如漆, 味甘如飴. 須瓷器收之, 以其脂柔喜潤也).

는데, 이 말은 이 식물의 본성을 전혀 모르는 말이다. 8월에는 남은 잎이 아직 달려 있어, 잎 속의 정기가 뿌리로 다 돌아가지 않은 상태이다.

殊未窮物性. 八月殘葉猶在, 葉中精氣未盡歸根.

또 2월에는 새싹이 이미 난 뒤이므로, 뿌리 속의 정기가 벌써 잎으로 퍼져 들어갔다. 그러므로 1월이나 9월에 캐서 좋은 지황만 못하다. 게다가 이 시기는 찌고 말리는 공정과도 서로 알맞다. 《산거록》[29]

二月新苗已生, 根中精氣已滋於葉, 不如正月、九月採者良, 又與蒸曝相宜. 《山居錄》

29 출전 확인 안 됨; 《居家必用》, 위와 같은 곳.

5. 승검초[當歸, 당귀][1]

當歸

1) 이름과 품종

일명 "산근(山蘄)", "문무(文無)"이다.[2]

【본초강목】[3] 《이아》에 "벽(薜)은 '산근(山蘄)'이다."라 했다. 이에 대해 곽박(郭璞)은 산근이 당귀(當歸)라고 주석을 달았다.[4] 당귀는 본래 미나리[芹] 종류에 속한다. 특히 꽃과 잎이 미나리와 비슷하기 때문에

名品

一名"山蘄", 一名"文無".

【本草綱目】《爾雅》"薜, 山蘄", 郭璞注"當歸"也. 當歸本作芹類. 特以花葉似芹, 故得"芹"名也.

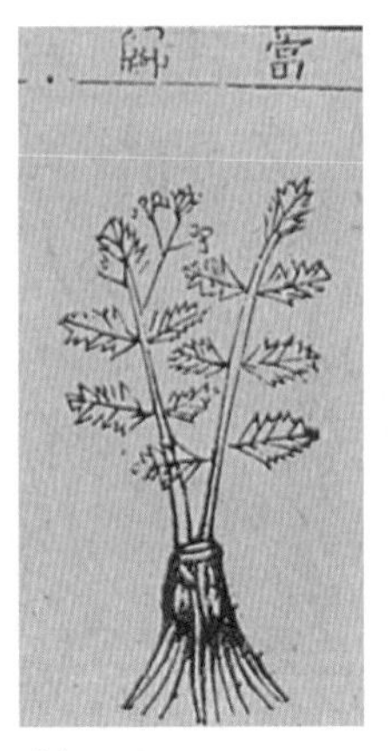

당귀

시라(이상 《본초강목》)

당귀뿌리(임원경제연구소, 파주시 금촌동 통일시장에서 촬영)

---

1 승검초[當歸, 당귀]: 쌍떡잎식물 미나리과 여러해살이풀. 승검초뿌리를 당귀라고 하나, 지금은 승검초를 당귀라고도 한다. 뿌리는 향이 강하며 약으로 사용한다. 《임원경제지 인제지》 권24 〈부여(附餘)〉 "약재 채취 시기(상)" '초부·당귀'를 함께 참조 바람.

2 일명……문무(文無)이다: 《本草綱目》 卷14 〈草部〉"當歸", 833쪽에 보인다.

3 《本草綱目》, 위와 같은 곳.

4 벽(薜)은……달았다: 《爾雅注疏》 卷8 〈釋草〉(《十三經注疏整理本》 24, 256쪽).

당귀꽃

당귀잎(이상 임경제연구소, 파주시 파주읍 연풍리에서 촬영)

'근(芹)'이라는 이름을 얻었다.

최표(崔豹)[5]의 《고금주(古今注)》[6]에는 당귀를 '문무(文無)'라 했다.[7]

崔豹《古今注》作"文無".

도경본초(圖經本草)[8] 봄에 싹이 날 때, 녹색을 띤 잎에 주름이 3개가 있다. 7~8월에 꽃이 피며, 그 모양은 시라(蒔蘿)[9]꽃과 비슷하지만 그와 달리 옅은 자주색을 띤다. 뿌리는 흑황색이다. 뿌리의 살집이 두툼하여 마르지 않는 것이 좋다.

圖經本草 春生苗, 綠葉有三瓣. 七八月開花, 似蒔蘿, 淺紫色. 根黑黃色. 以肉厚而不枯者爲勝.

안 오늘날은 강원도의 산골짜기 고을에서 난 승검초가 가장 좋다】.

按 今關東峽邑産者最佳】

5 최표(崔豹): 중국 진(晉)나라 때 학자. 자는 정능(正能)이고, 지금의 북경 밀운현(密雲縣) 사람이다. 혜제(惠帝) 때 태부(太傅)를 지냈다.

6 고금주(古今注): 중국 진(晉)나라 최표(崔豹)가 3권으로 편찬한 고증서(考證書).

7 문무(文無)라 했다: 《古今注》 卷下 〈問答釋義〉 第8(《文淵閣四庫全書》 850, 112쪽).

8 《圖經本草》 卷6 〈草部〉 "中品之上" '當歸'(《本草圖經》, 151쪽).

9 시라(蒔蘿): 미나리과의 한해살이풀인 소회향(小茴香). 딜(Dill). 향신료로 쓰이며 진정작용이 있다. 같은 미나리과인 회향(茴香, 펜넬)이나 캐러웨이와 잎 모양이나 향이 비슷하다.

문주(文州) 당귀

저주(滁州)당귀

시라(이상 《본초도경》)

2) 알맞은 토양

土宜

산에 의지하거나 담장 아래 그늘진 땅에 심으면 무성하게 자란다. 만약 꽃대가 패어 꽃이 피고 열매를 맺으면 다음해에는 더이상 나지 않는다. 《산림경제보(山林經濟補)[10]》[11]

宜依山, 或牆陰地則盛. 若苗秀而開花結實, 翌年不復生. 《山林經濟補》

3) 심기와 가꾸기

種藝

3월에 심어야 좋다. 순이 나온 뒤에 심어도 살아난다. 《산림경제보》[12]

三月可種. 生笋後種之亦活. 《山林經濟補》

---

10 산림경제보(山林經濟補) : 농업과 일상생활에 관한 내용을 싣고 있는 우리나라 최초의 종합적인 농가경제서인 《산림경제(山林經濟)》를 보완한 책. 저자가 홍만종(洪萬鍾, 1643~1715)인지 다른 사람인지는 확인되지 않았다. 원본은 일실되었다.

11 출전 확인 안 됨; 《增補山林經濟》 卷6 〈治圃〉 "當歸" (《農書》 3, 426~427쪽).

12 출전 확인 안 됨; 《增補山林經濟》 卷6 〈治圃〉 "當歸" (《農書》 3, 426쪽).

6. 도라지[桔梗, 길경][1]

桔梗

1) 이름과 품종

名品

일명 '백약(白藥)', '경초(梗草)'이다.[2]

一名"白藥", 一名"梗草".

【본초강목[3] 도라지는 뿌리가 알차고[結實] 단단하기[梗直] 때문에 이렇게 이름 붙였다.[4]

【本草綱目 其根結實而梗直故名.

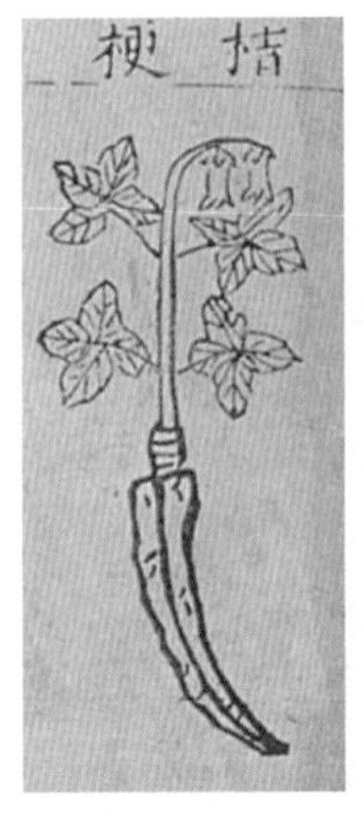

도라지(《본초강목》)

도라지싹1

도라지싹2(이상 임원경제연구소, 파주시 월롱면 덕은리에서 촬영)

1 도라지[桔梗, 길경]: 초롱꽃과의 여러해살이풀. 뿌리는 식용하고, 중요한 약재이기도 하다. 《임원경제지 인제지》 권24 〈부여(附餘)〉 "약재 채취 시기(상)" '초부·길경'을 함께 참조 바람.

2 일명……'경초(梗草)'이다: 《本草綱目》 卷12 〈草部〉 "桔梗", 714쪽에 보인다.

3 《本草綱目》, 위와 같은 곳.

4 도라지는……붙였다: 길경(桔梗)의 길(桔)은 결(結)자에서 땄고, 경(梗)은 경(梗)자를 그대로 썼다는 뜻이다.

도라지꽃(안철환)

도라지(국립원예특작과학원)

도라지(이상 파주농업기술센터 김은환, 파주 민통선 평화농장에서 촬영)

성주길경(成州桔梗)

해주길경(解州桔梗)

화주길경(和州桔梗)

여러 종의 도라지(《본초도경》)

도경본초 [5] 뿌리는 손가락굵기 정도의 크기이고, 황백색이다. 봄에 싹과 줄기가 나며, 그 높이는 1척 남짓이다. 잎은 살구나무잎과 비슷하지만 그보다 긴 타원형이다. 잎 4개가 서로 마주하여 난다.

여름에 작은 꽃이 피며, 그 색은 자벽색(紫碧色)이다. 나팔꽃과 무척 비슷하다. 가을 이후에 씨앗을 맺는다. 8월에 뿌리를 캔다. 뿌리에는 심이 있다. 심이 없는 것은 잔대[薺苨]이다】

圖經本草 根如指大, 黃白色. 春生苗、莖, 高尺餘. 葉似杏葉而長橢[1], 四葉相對而生.

夏開小花, 紫碧色, 頗似牽牛花. 秋後結子. 八月采根, 其根有心. 若無心者, 爲薺苨】

도라지싹(임원경제연구소, 파주시 월롱면 덕은리에서 촬영)

5 《圖經本草》 卷8 〈草部下品〉 "桔梗"(《本草圖經》, 247쪽).

[1] 橢 : 저본에는 "墮". 《圖經本草·草部·下品·桔梗》에 근거하여 수정.

2) 알맞은 토양

土宜

도라지의 본성은 산이나 들판의 모래가 많은 땅을 좋아한다. 《행포지》[6]

性喜山原沙地. 《杏蒲志》

3) 심기와 가꾸기

種藝

봄에 씨앗을 뿌리거나 뿌리를 나누어 옮겨 심는다. 《증보도주공서》[7]

春間下子, 或分栽. 《增補陶朱公書》

4) 종자 고르기

擇種

꽃은 자색과 백색 2종이 있다. 백색 꽃이 피는 백도라지가 더 좋다. 요즘 사람들은 산에서 나는 도라지를 캐다가 채소밭에 옮겨 심는다. 《행포지》[8]

有紫、白二種. 白者尤佳. 今人或取山生者, 分栽園圃. 《杏蒲志》

5) 물주기와 거름주기

澆壅

닭똥으로 거름준다. 《증보도주공서》[9]

壅以鷄糞. 《增補陶朱公書》

6) 쓰임새

功用

도라지잎이 어릴 때에는 데쳐서 나물로 충당할 수 있다. 뿌리는 3~4년 동안 북주면 종종 팔뚝만큼 굵게 자라는 경우도 있다. 《행포지》[10]

其葉嫩時, 可煮而充蔬. 其根培壅三四年, 往往有大如臂者. 《杏蒲志》

---

6 《杏蒲志》 卷3 〈種桔梗〉(《農書》 36, 167쪽).

7 출전 확인 안 됨.

8 《杏蒲志》, 위와 같은 곳.

9 출전 확인 안 됨.

10 《杏蒲志》, 위와 같은 곳.

7. 모싯대[薺苨, 제니][1]

薺苨

1) 이름과 품종

名品

일명 '행삼(杏參)', '행엽사삼(杏葉沙參)', '저니(菧苨)', '첨길경(甜桔梗)', '백면근(白麪根)'이다. 어린싹은 '은인(隱忍, 꾹 참다)'이라 한다.[2]

一名"杏參", 一名"杏葉沙參", 一名"菧苨", 一名"甜桔梗", 一名"白麪根". 苗名"隱忍".

【본초강목[3] 모싯대의 어린싹은 도라지와 비슷하

【本草綱目 薺苨苗似桔梗,

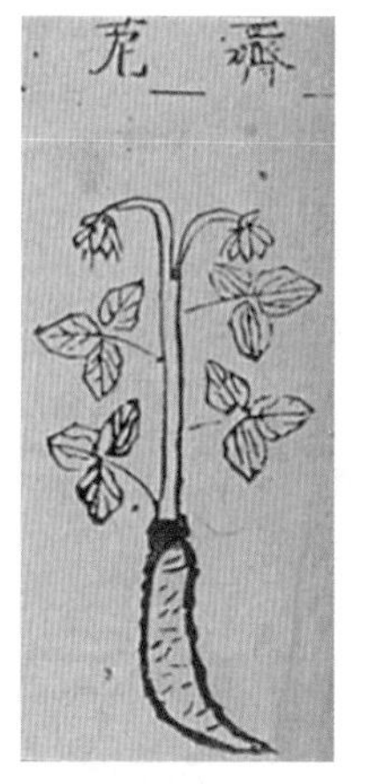

제니(《본초강목》)

모싯대잎(국립원예특작과학원)

1 모싯대[薺苨, 제니]:초롱꽃과의 여러해살이풀. 겨로기라고도 한다. 봄에 새싹을 나물로 먹고 뿌리는 이른 봄 또는 가을에 채취하여 구워 먹거나 약재로 사용한다. 《임원경제지 인제지》 권24 〈부여(附餘)〉 "약재 채취 시기(상)" '초부·제니(모싯대)'를 함께 참조 바람.

2 일명……한다:《本草綱目》 卷12 〈草部〉 "薺苨", 712쪽에 보인다.

3 《本草綱目》, 위와 같은 곳.

모싯대꽃

고, 뿌리는 더덕과 비슷하다. 그래서 간교한 장사치들이 종종 더덕과 모싯대를 가지고 몰래 인삼으로 속여 판다.

根似沙蔘. 故姦商往往以沙蔘、薺苨通亂人蔘.

구황본초[4] 행엽사삼은 일명 '백면근(白麪根)'이다. 싹의 높이는 1~2척이고, 줄기 색은 청백색이다. 잎은 살구나무잎과 비슷하지만 그보다 작으며, 약간 뾰족하고 뒷면이 하얗다. 잎 둘레에는 톱니모양이 있다. 줄기 끝 사이에 5개 꽃잎을 가진 흰 주발모양의 꽃을 피운다.

救荒本草 杏葉沙參, 一名"白[1]麪根". 苗高一二尺, 莖色青[2]白. 葉似杏葉而小, 微尖而背白. 邊有叉牙. 杪間開五瓣白盌子花.

뿌리모양은 야생 당근[胡蘿蔔][5]과 같고 제법 통통하다. 껍질 색은 잿빛에 거뭇거뭇하고 속은 백색이

根形如野胡蘿蔔, 頗肥, 皮色灰黲, 中間白色[3], 味甜

행엽사삼(《구황본초》)

---

4 《救荒本草》 卷4 〈杏葉沙參〉(《文淵閣四庫全書》 730, 744쪽); 《本草綱目》 卷12 〈草部〉 "薺苨", 713쪽.

5 당근[胡蘿蔔]: 미나리과의 두해살이풀. 한방에서는 뿌리를 학슬풍(鶴膝風)·이질·백일해·해수·복부팽만을 치료하는 약재로 쓴다.

[1] 白: 저본에는 "句". 《救荒本草·杏葉沙參》에 근거하여 수정.

[2] 青: 저본에는 "清". 《救荒本草·杏葉沙參》에 근거하여 수정.

[3] 色: 저본에는 "毛". 《救荒本草·杏葉沙參》에 근거하여 수정.

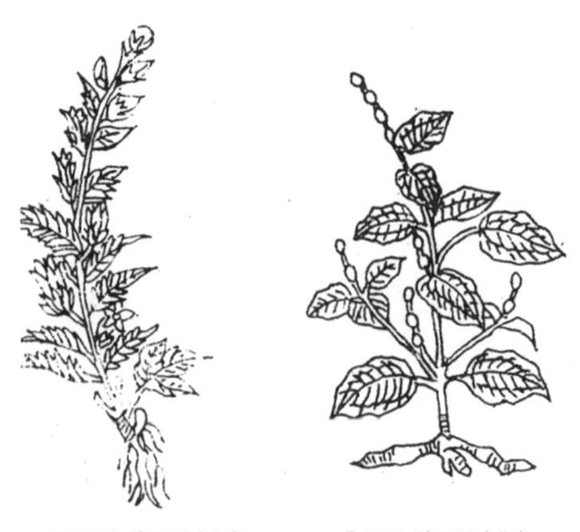

윤주제니(潤州薺苨)　　　　촉주제니(蜀州薺苨)

다른 종의 모싯대(《본초도경》)

다. 맛은 달고, 성질은 조금 차다. 벽색(碧色, 청록 혹은 청백의 옥색) 꽃을 피우는 놈도 있다】

微寒. 亦有開碧花者】

모싯대(《약재질정기사(藥材質正紀事)》[6], 국사편찬위원회)

2) 심기와 가꾸기

모싯대 파종법은 도라지 파종법과 같다. 《행포지》[6]

種藝

種法同桔梗. 《杏蒲志》

6 출전 확인 안 됨.

8. 삽주[朮][1]

朮

1) 이름과 품종

名品

일명 '산정(山精)', '산강(山薑)'이다. 창출(蒼朮)[2]은 산계(山薊)라 하고, 백출(白朮)[3]은 포계(枹薊)라 한다. 서역 사람들은 '흘력가(吃力伽)'라 한다.[4]

一名"山精", 一名"山薑". 蒼朮名"山薊", 白朮名"枹薊". 西域人謂之"吃力伽".

【육서본의(六書本義)[5] 출(朮) 자의 전서체(篆書體)[6] 글자는 삽주의 뿌리와 줄기, 가지와 잎의 모양을 본

【六書本義 朮篆文, 象根幹、枝葉之形.

출(朮)자 전서체(《육서본의》)

삽주꽃

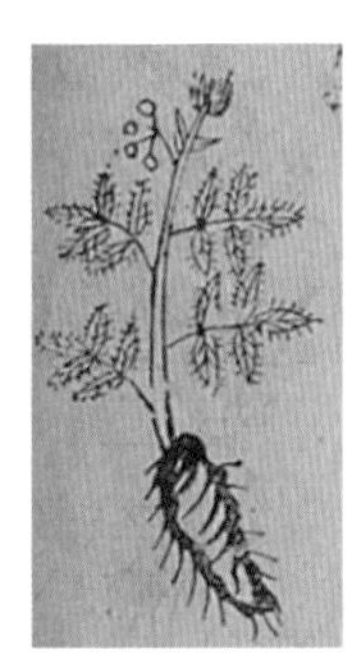

창출

백출(이상 《본초강목》)

---

1 삽주[朮]：국화과의 여러해살이풀. 뿌리는 약재로 쓰고, 어린순은 나물로 먹는다. 《임원경제지 인제지》 권24 〈부여(附餘)〉 "약재 채취 시기(상)" '초부·출'을 함께 참조 바람.

2 창출(蒼朮)：국화과의 여러해살이풀인 삽주의 한 종류. 삽주의 뿌리줄기로 만든 약재를 의미하기도 한다.

3 백출(白朮)：국화과의 여러해살이풀인 삽주의 한 종류. 보통 껍질을 벗긴 창출을 말하기도 한다.

4 일명……한다：《本草綱目》 卷12 〈草部〉 "朮", 733·737쪽에 보인다.

5 육서본의(六書本義)：중국 원말명초(元末明初)의 학자 조휘겸(趙撝謙, 1351~1385)이 육서(六書)를 원칙으로 지은 문자서. 전체 12권. 수위(數位)·천문(天文)·지리(地理)·인물(人物)·초목(草木)·충수(蟲獸)·음식(飮食)·복식(服飾)·궁실(宮室)·기용(器用)편 등으로 나뉘었다. 《六書本義》 卷7 〈草木篇〉 "朮"(《文淵閣四庫全書》 228, 346쪽); 《本草綱目》, 위와 같은 곳.

6 전서체(篆書體)：한자 서체의 하나인 전자(篆字)모양으로 쓰는 서체.

여러 종의 삽주(이상 《본초도경》)

떴다.

본초강목[7] 창출은 그 싹의 높이가 2~3척이다. 잎은 줄기를 에워싸고 나온다. 줄기 끝에 나는 잎은 팥배나무의 잎과 흡사하고, 아래쪽에 난 잎은 3~5갈래가 있다. 위아래의 잎 모두 톱니모양의 작은 가시가 있다. 뿌리는 늙은 생강모양과 같고, 창흑색(蒼黑色)이다. 육질은 하얗고, 기름기가 있다.

백출은 잎이 약간 크고, 털이 있다. 뿌리는 손가

本草綱目 蒼朮, 苗高二三尺, 其葉抱莖而生, 梢間葉似棠梨葉, 脚下葉有三五叉, 皆有鋸齒小刺. 根如老薑之狀, 蒼黑色. 肉白有油膏.

白朮, 葉稍大而有毛. 根如

7 《本草綱目》, 위와 같은 곳.

락두께의 크기와 같고, 모양은 북채와 같다. 또한 크기가 주먹만 한 것도 있다】

指大, 狀如鼓槌, 亦有大如拳者】

2) 알맞은 토양

土宜

삽주는 평평한 땅에 심는다. 제법 통통하고 큰 놈은 거름의 힘 때문이다. 《본초몽전》[8]

朮, 種之平壤. 頗肥大, 由糞力也. 《本草蒙筌》

3) 심기와 가꾸기

種藝

2월에 뿌리를 채취하고 쪼개서 휴전에 심는다. 여기에 거름을 얹어주고 물을 준다. 1년이면 배게 자란다. 《사시유요》[9]

二月取根子, 劈破, 畦中種之, 上糞下水. 一年卽稠. 《四時類要》

삽주는 사람들이 대부분 뿌리를 옮겨 심는다. 1년이면 배게 자란다. 《본초강목》[10]

朮, 人多取根栽蒔. 一年卽[1]稠. 《本草綱目》

백출(《약재질정기사(藥材質正紀事)》, 국사편찬위원회)

---

8 《本草蒙筌》 卷1 〈草部〉 上 "浙朮"(북경대학도서관본, 77쪽); 《本草綱目》 卷12 〈草部〉 "朮", 734쪽.

9 《사시찬요 역주》 권2 〈이월〉 "농경과 생활" '삽주 파종하기', 175쪽; 《農桑輯要》 卷6 〈藥草〉 "蒼朮"(《農桑輯要校注》, 242쪽).

10 《本草綱目》 卷12 〈草部〉 "朮", 733쪽.

[1] 卽 : 오사카본 '도라지' 항목 맨 끝에 "'卽'은 '則'과 같다(卽似則)."라는 설명을 찌에 적어 붙여 놓았던 흔적이 있다. 다만 '도라지' 항목에는 '卽'자가 보이지 않는다. 여기에 붙여야 할 찌를 위쪽에 잘못 붙인 것으로 보인다.

삽주1

삽주2(이상 임원경제연구소, 한밭수목원에서 촬영)

4) 거두기

삽주는 가을에 캔 놈이 좋다. 봄에 캔 놈은 속이 비고 연약하여 물러지기 쉽다. 《본초강목》[11]

收採

朮, 以秋采者佳, 春采者虛軟易壞. 《本草綱目》

5) 쓰임새

싹은 나물로 먹을 수 있다. 뿌리를 거둬서 달여 먹으려면 많이 심어야 한다. 《사시유요》[12]

功用

苗可爲菜. 欲收根作煎, 宜多種之. 《四時類要》

11 《本草綱目》卷12〈草部〉"朮", 734쪽.

12 《사시찬요 역주》권2〈이월〉"농경과 생활" '삽주 파종하기', 175쪽; 《農桑輯要》, 위와 같은 곳.

9. 쇠무릎[牛膝, 우슬][1]

牛膝

1) 이름과 품종

名品

일명 '산현채(山莧菜, 산비름)'이다.[2]

一名"山莧菜".

【도홍경(陶弘景) 본초경집주(本草經集注)[3] 줄기에 마디가 있다. 마디모양이 소의 무릎[牛膝]과 비슷하기 때문에 이렇게 이름 붙였다.

【陶氏 本草注 其莖有節, 似牛膝故名.

쇠무릎마디

쇠무릎꽃(이상 정성지)

---

1 쇠무릎[牛膝] : 비름과의 여러해살이풀. 뿌리는 이뇨제, 해열제 따위로 쓰고, 줄기와 잎은 독사에 물렸을 때 해독약으로 쓴다. 《임원경제지 인제지》 권24 〈부여(附餘)〉 "약재 채취 시기(상)" '초부·우슬'을 함께 참조 바람.

2 일명 산현채(山莧菜, 산비름)이다 : 《本草綱目》 卷16 〈草部〉 "牛膝", 1027쪽에 보인다.

3 《本草經集注》 卷3 〈草木上品〉 "牛膝"; 《本草綱目》, 위와 같은 곳.

쇠무릎

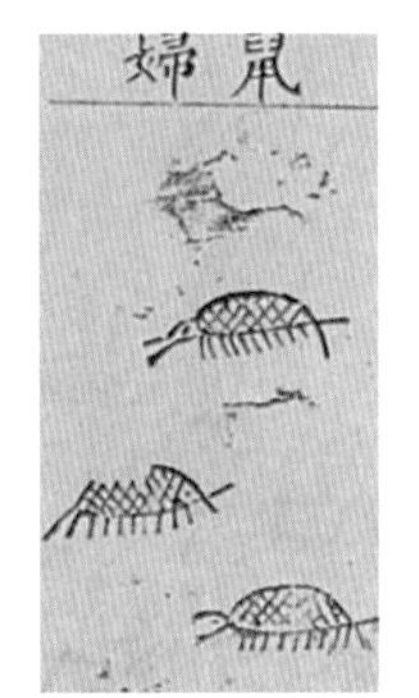

쥐며느리(이상 《본초강목》)

단주우슬(單州牛膝)

저주우슬(滁州牛膝)

귀주우슬(歸州牛膝)

회주우슬(懷州牛膝)

여러 종의 쇠무릎(이상 《본초도경》)

본초강목[4] 싹은 모난 줄기에다 마디가 두드러져 있다. 잎은 모두 마주하여 난다. 비름잎과 모양이 매우 비슷하지만 그보다 기다랗고 끝이 뿔처럼 뾰족하다. 가을에 꽃이 피고 이삭이 패어 씨앗을 맺는다. 그 모양이 마치 작은 쥐며느리[鼠負蟲][5]와 닮았다. 껄끄러운 털이 있고, 줄기에 매달려 거꾸로 자란다.】

本草綱目 其苗方莖暴節, 葉皆對生, 頗似莧葉而長且尖艄. 秋開花, 作穗結子, 狀如小鼠負蟲. 有澁毛, 貼莖倒生】

4 《本草綱目》, 위와 같은 곳.

5 쥐며느리[鼠負蟲] : 등각목 쥐며느리과의 곤충. 썩은 나무나 마루 밑 따위의 습한 곳에 산다. 자극을 받으면 몸을 둥글게 움츠리고 죽은 시늉을 한다.

2) 알맞은 토양

土宜

쇠무릎은 낮고 습하면서 기름진 땅이 좋다. 《산거록》[6]

牛膝宜下濕肥良地. 《山居錄》

3) 심는 시기

時候

쇠무릎은 봄에 심는다. 가을에도 심을 수 있다. 《군방보》[7]

牛膝春種. 秋中亦可種. 《群芳譜》

쇠무릎1

쇠무릎2(이상 정성섭·김복남)

2월에 기름진 땅에 심는다. 늦가을에 뿌리를 채취한다. 《증보도주공서》[8]

二月種肥地. 秋末採根. 《增補陶朱公書》

4) 종자 고르기

擇種

암놈은 마디가 가늘고, 줄기는 청색이다. 뿌리가 짧고 단단하면서도 물러서 약효가 없다. 숫놈은 마디가 크고, 줄기는 자색이다. 뿌리가 길고 부드러우

雌者, 節細莖青, 根短堅脆無力; 雄者, 節大莖紫, 根長柔潤有功. 取種須取雄

---

6 출전 확인 안 됨; 《居家必用》〈戊集〉"種藥類" '種牛膝'(《居家必用事類全集》, 179쪽).

7 《二如亭群芳譜》〈利部〉第3 "藥譜" 1 '牛膝'(《四庫全書存目叢書補編》 80, 558쪽).

8 출전 확인 안 됨.

면서도 윤기가 있어서 효과가 있다. 그러므로 씨앗을 채취할 때는 반드시 수놈을 채취해야 한다. 《증보도주공서》[9]

者. 《增補陶朱公書》

9 출전 확인 안 됨.

5) 심기와 가꾸기

種藝

북쪽 지방 사람들은 인가에 쇠무릎을 많이 심는다. 가을 동안 씨앗을 거두었다가 봄이 되면 심는다. 《본초강목》[10]

北土人家多栽蒔之. 秋間收子, 至春種之. 《本草綱目》

가을에 씨앗을 거두었다가 봄이 되면 기름진 땅에 심는다. 밭을 깊게 갈아 땅이 부슬부슬하게 해야 잘 자란다. 써레질을 하여 흙이 평평하고 반듯해지면 파종하고, 똥거름물을 준다. 싹을 베어 먹는 법은 부추를 베어 먹는 법과 같다. 가물면 김을 매어 주고, 잡초가 뒤덮으면[荒][11] 물을 대 준다.[12] 《군방보》[13]

秋收子, 至春, 種肥地. 深耕土鬆易長, 耙土平方下種, 水糞澆. 翦苗食如翦韭法. 旱則鋤耘, 荒則澆水. 《群芳譜》

가을 동안에 씨앗을 수확해 두었다가 봄이 되면 채소[生菜]를 심는 법대로 심는다. 그 다음 거름을 주고 물을 준다. 싹이 나서 크기가 먹을만 해지면 베어 먹는다. 늘 종자를 많이 남겨 두었다가 가을이 되면 곧장 이리저리 골고루 심어야 한다. 다만 베어 낸 뒤에 거름을 주면 바로 자라므로, 굳이 새로 심을 필요는 없다.

秋間收子[1], 至春, 如生菜法種之, 上糞澆水. 苗生候堪食, 翦之. 須常多留子, 直至秋中, 徧徧種之. 但割後上糞卽生, 不須更種之.

뿌리를 거둘 경우에는 1묘 남짓의 땅을 남겨서 땅을 푹 삶아 준 다음, 다시 날이 긴 가래로 깊게 파

其收根者, 留取一畝餘, 地熟耕, 更以長刃鍬深掘之.

---

10 《本草綱目》, 위와 같은 곳.

11 잡초가 뒤덮으면[荒]: "荒"을 "엄개(掩蓋)"의 뜻으로 옮겼다.

12 가물면……준다: 이 문장의 뜻은 이해가 안 된다. 가물면 물을 주고 잡초가 무성하면 김매 주는 방식이 아니기 때문이다. 이와 정반대의 설명이 바로 다음 《산거록》 기사의 끝대목에 보인다.

13 《二如亭群芳譜》, 위와 같은 곳.

[1] 子: 《居家必用·戊集·種藥類·種牛膝》에는 "牛膝子".

준다. 흙이 푸석푸석하면 뿌리가 잘 자라는 점을 취한 것이다. 반드시 이 법대로 한 뒤에 누차(耬車)로 종자를 심으면서 땅을 평평하게 한다. 잡초가 뒤덮으면 김을 매 주고, 가물면 물을 대 준다.

取其土虛根長. 須依此法, 然後下子耬, 令土平. 荒卽耘[2]之, 旱則澆之.

【별도의 판본에는 다음과 같이 적혀 있다. "가을에 씨앗을 수확해 두었다가 봄이 되면 채소를 심는 법대로 심는다. 그 다음 거름을 더해 주고 물을 대 준다. 싹이 나서 크기가 나물로 먹을만 하면 부추를 베어 먹는 법과 같이 베어 먹는다. 종자를 많이 남겨 두어야 한다. 가을 동안에 심어도 괜찮다.

【別本云: "秋收子, 至春, 種如種菜法, 加糞灌水. 苗出堪采, 卽如翦韭法. 須多留子. 秋中種亦可.

뿌리를 거둘 경우에는 별도로 3묘의 땅을 남긴다. 이 땅을 푹 삶아 준 다음 다시 가래로 깊게 파 준다. 흙이 푸석푸석하면 뿌리가 잘 자라는 점을 취한 것이다. 땅을 평평하게 골라 주고, 이어서 씨앗을 심는다. 잡초가 뒤덮으면 김을 매 주고, 가물면 물을 대 준다"】《산거록》[14]

其收[3]根者, 別留三畝地, 熟耕, 更以鍬深掘, 取其土虛根易長也. 土平訖, 下子. 荒卽耘草, 旱卽溉之"】《山居錄》

6) 거두기

收採

가을이 되어 씨앗이 여물면 줄기 높은 곳을 베어서 줄기를 취하고 씨앗을 거둔다. 뿌리를 수확할 경우 9월말에 다시 날이 긴 가래로 깊게 파서 수확한다.

至秋子成, 就高刈取莖, 收其子. 取根者, 九月末, 還用長刃鍬深掘取.

【별도의 판본에는 다음과 같이 적혀 있다. "가을이 되어 씨앗이 여물면 줄기 높은 곳을 베어서 줄기

【別本云: "至秋子成, 高刈取莖, 收子. 九月末間, 還

14 출전 확인 안 됨; 《居家必用》〈戊集〉"種藥類" '種牛膝'(《居家必用事類全集》, 179~180쪽).

[2] 耘: 《居家必用·戊集·種藥類·種牛膝》에는 "耕".

[3] 其收: 저본에는 "收其". 오사카본·《居家必用·戊集·種藥類·種牛膝》에 근거하여 수정.

를 취하고 씨앗을 거둔다. 9월말경에 다시 가래로 깊게 파서 뿌리를 수확한다. 적당한 법대로 요리한다"】《산거록》[15]

用鍬深掘取根. 如法料理"】《山居錄》

7) 약재 제조

製造

쇠무릎뿌리를 물속에 담가서 이틀밤을 지낸다. 그런 다음 대나무체에 촘촘히 놓는다. 이를 손으로 비벼서 껍질을 벗기고, 다시 끝부분을 가지런하게 한 다음 햇볕에 쬐어 조금 말린다. 손으로 쥐어 곧게 편 다음 큰 묶음을 만들고, 다시 햇볕에 쬐어 말린다. 이를 보면 단정하고 희어서 상아로 만든 젓가락 같다.

牛膝根於水中浸, 經兩宿, 密置竹篩中. 以手挼去皮, 更齊頭, 曝令稍乾. 手握令直, 作大束子, 又曝令乾, 看之端正白如象筯.

그러나 약에 넣을 경우에는 껍질을 벗기지 않은 것만 못하다. 그것이 기력이 더 크기 때문이다. 그러므로 껍질을 벗기지 말고 곧바로 햇볕에 쬐어 말린 것이 좋다. 만약 껍질을 벗기느라 비비면서 흰 즙을 없애면 매우 아깝다. 시장에서는 단정한 것을 귀하게 치지만, 이는 약효의 정수를 매우 잃어버린 것이다. 《산거록》[16]

然入藥不如不去皮, 氣力大. 直曝令乾者爲佳. 若去皮挼去白汁, 深可惜也. 市中貴取端正, 甚失精華也. 《山居錄》

8) 쓰임새

功用

여린 순은 나물로 만들어 먹을 수 있다. 《본초강목》[17]

嫩苗可作菜茹. 《本草綱目》

---

15 출전 확인 안 됨; 《居家必用》 〈戊集〉 "種藥類" '種牛膝'(《居家必用事類全集》, 180쪽).

16 출전 확인 안 됨; 《居家必用》, 위와 같은 곳.

17 《本草綱目》, 위와 같은 곳.

10. 천문동(天門冬)[1]

天門冬

1) 이름과 품종

名品

일명 '문동(虋冬)', '전극(顚棘)', '천극(天棘)', '만세등(萬歲藤)'이다.[2]

一名"虋冬", 一名"顚棘", 一名"天棘", 一名"萬歲藤".

【본초강목[3] 약초 가운데 무성한 것을 문(虋)이라 한다. 민간에서는 문(門)으로 쓴다. 이 약초는 덩굴이 무성하며, 효능은 맥문동(麥門冬)과 같다. 그래서 '천문동', 혹은 '천극'이라고 부른다.

【本草綱目 草之茂者爲虋, 俗作門. 此草蔓茂, 而功同麥門冬. 故曰"天門冬", 或曰"天棘".

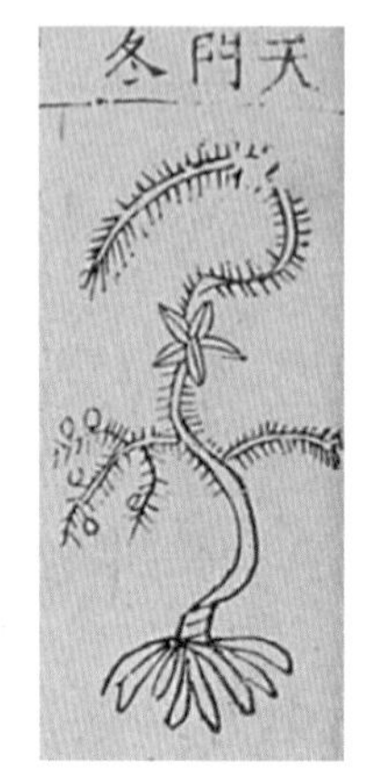

천문동

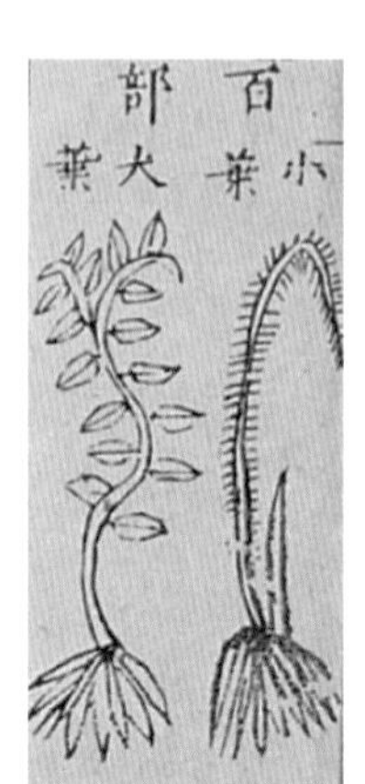

천문동의 뿌리와 비슷한 백부의 뿌리(이상 《본초강목》)

천문동

1 천문동(天門冬):백합과의 여러해살이풀. 뿌리를 약재로 쓰며, 이뇨·강장·항균 효과가 있다. 《임원경제지 인제지》 권24 〈부여(附餘)〉 "약재 채취 시기(상)" '초부·천문동'을 함께 참조 바람.

2 일명……'만세등(萬歲藤)'이다:《本草綱目》 卷18 〈草部〉 "天門冬", 1281쪽에 보인다.

3 《本草綱目》, 위와 같은 곳.

천문동줄기와 열매

천문동뿌리

씻은 천문동뿌리

《이아》에서는 "모(髦)는 전극(顚棘)이다."[4]라 했다. 가느다란 잎이 털[毛]과 비슷하고, 가느다란 가시[棘]가 있기 때문에 이런 이름이 붙었다. 전(顚)과 천(天)은 음이 비슷하다.

《爾雅》云: "髦, 顚棘"也. 因其細葉如毛[1], 有細棘也. 顚、天, 音相近也.

4 모(髦)는 전극(顚棘)이다: 《爾雅注疏》 卷8 〈釋草〉 "髦"(《十三經注疏整理本》 24, 272쪽).

[1] 毛: 《本草綱目·草部·天門冬》에는 "髦".

채고열매

회향줄기와 잎

회향씨

도경본초[5] 봄에 덩굴이 난다. 크기는 채고(釵股, 인동)[6]만 하고, 키는 10척 남짓에 이른다. 잎은 회향(茴

圖經本草 春生藤蔓, 大如釵股, 高至丈餘. 葉如茴

5 《圖經本草》 卷4 〈草部上品〉 "天門冬"(《本草圖經》, 70쪽); 《本草綱目》 卷18 〈草部〉 "天門冬", 1282쪽.

6 채고(釵股, 인동): 인동과의 반상록 덩굴성 식물. 해열·해독·발한작용이 있다. 금은등(金銀藤)·금은화등(金銀花藤)·금채고(金釵股)·채자고(釵子股)·노옹수(老翁須)·노사등(鷺鷥藤)·밀통등(蜜桶藤)·원앙등(鴛鴦藤)·인동초(忍冬草)·인한초(忍寒草)·좌전등(左纏藤)·천금등(千金藤)·첨등(甛藤)·통영초(通靈草)라고도 한다.

香)[7]과 비슷하다. 매우 뾰족하고 가늘면서도 듬성듬성 나고, 거꾸로 돋은 가시가 있다. 또 꺼끌꺼끌하기만 하고 가시가 없는 품종도 있는데, 그 잎은 사삼(絲杉)과 비슷하지만 그보다 작고 더 흩어져 난다. 이들 모두 '천문동'이라 한다.

香. 極尖細而疏闊[2], 有逆刺. 亦有澀而無刺者, 其葉如絲杉而細散, 皆名"天門冬".

여름에 가느다란 백색 꽃이 핀다. 황색 꽃과 자색 꽃도 있다. 가을에 검은 씨앗을 맺는데, 그 뿌리가 가지 곁에 달린다. 복날로 접어든 뒤에는 꽃이 없이 몰래 씨앗을 맺는다.

夏生細[3]白花, 亦有黃色及紫色[4]者. 秋結黑子, 在其根枝旁. 入伏後無花, 暗結子.

뿌리는 백색이다. 혹 황자색 뿌리도 있다. 굵기는 손가락만 하고, 둥글둥글 통통하면서 길쭉하다. 1포기에 10~20개 뿌리가 함께 달려 있다. 이 점에서 백부(百部)[8]의 뿌리와 상당히 비슷하다】

其根白, 或黃紫色, 大如手指, 圓實而長. 一科一二十枚同撮. 頗似百部根】

한주천문동(漢州天門冬)

건주천문동(建州天門冬)

서경천문동(西京天門冬)

연주천문동(兗州天門冬)

---

7 회향(茴香) : 미나리과의 한해살이풀 또는 두해살이풀. 여성병의 치료에 효과가 높고 음식, 화장품의 향료로도 쓴다.

8 백부(百部) : 천문동의 한 종류이다. 파부초(婆婦草) 또는 야천문동이라고도 한다.

[2] 闊 : 《圖經本草·草部·上品·天門冬》에는 "滑".

[3] 細 : 《圖經本草·草部·上品·天門冬》에는 없음. 《本草綱目·草部·天門冬》에는 있음.

[4] 及紫色 : 《圖經本草·草部·上品·天門冬》에는 없음. 《本草綱目·草部·天門冬》에는 있음.

재주천문동(梓州天門冬)　　온주천문동(溫州天門冬)

여러 종의 천문동(이상 《본초도경》)

2) 알맞은 토양

土宜

기름진 땅에 심으면 뿌리가 쉽게 무성해진다. 《증보도주공서》[9]

種肥地, 其根易茂. 《增補陶朱公書》

3) 심기와 가꾸기

種藝

싹이 났을 때 비옥한 땅에 옮겨 심을 수 있다. 씨앗을 심어도 되지만 그러면 늦게 자란다. 《본초강목》[10]

生苗時, 可於沃地栽種. 子亦堪種, 但晩成. 《本草綱目》

1~2월에 모종을 기름진 땅에 심는다. 뿌리마다 서로 2척 남짓 떨어뜨려야지, 빽빽하게 심어서는 안 된다. 오래지 않아 뿌리가 매우 무성해지기 때문이다. 만약 뿌리를 취하려 한다면 일정량의 작은 뿌리를 남겨 다시 옮겨 심는다. 항상 거름을 주고 풀이 있으면 김매 준다.

正二月, 取苗種肥地中. 每根相去二尺餘, 不得稠. 不久其根甚茂. 若取根則留一分小者却栽, 時常上糞, 有草卽耘.

9 출전 확인 안 됨.

10 《本草綱目》 卷18 〈草部〉 "天門冬", 1282쪽.

이 약재는 파종하여 기르기가 몹시 까다롭다. 그래서 만약 천문동을 모두 캐내면 그 다음 해에 살아나지 못할까 걱정이다. 씨앗을 심어도 좋지만 뿌리가 굵어지는 시기가 조금 늦다.《산거록》[11]

此物甚難種. 若都摘了, 卽恐不活. 種子亦得, 但成根差晩.《山居錄》

여름과 가을에 뿌리를 수확하되, 반드시 일정량의 작은 뿌리를 남겨 그때그때 옮겨 심어야 한다. 수시로 흙에 거름을 주고 풀을 김매 준다.《증보도주공서》[12]

夏秋收根, 須留一分小者, 隨卽栽之, 不時土糞耘草.《增補陶朱公書》

11 출전 확인 안 됨;《居家必用》〈戊集〉"種藥類" '種天門冬'(《居家必用事類全集》, 183쪽).

12 출전 확인 안 됨.

11. 맥문동(麥門冬)[1]

麥門冬

1) 이름과 품종

일명 '우구(禹韭)', '우여량(禹餘粮)', '인동(忍冬)'이다.[2]

【본초강목】[3] 보리의 까끄라기를 '문(虋)'이라고 한다. 이 약초의 뿌리는 보리낟알[麥]과 비슷하면서 까끄라기 같은 수염뿌리가 있다. 잎은 부추[韭]와 흡사하다. 겨울을 견디며 시들지 않는다. 그러므로 '맥문동(麥門冬)'이라 부르며, 우구(禹韭)니 인동(忍冬)이니

名品

一名"禹韭", 一名"禹餘粮", 一名"忍冬".

【本草綱目】 麥鬚曰"虋". 此草根似麥而有鬚, 其葉如韭, 凌冬不凋. 故謂之"麥門冬". 及有禹韭、忍冬諸名. 俗作麥門冬, 便于字

맥문동(《본초강목》)

맥문동(임원경제연구소, 인천시 강화군 석모리에서 촬영)

1 맥문동(麥門冬): 외떡잎식물 백합과의 여러해살이풀. 한방에서 소염·강장·진해·거담제 및 강심제로 사용한다. 《임원경제지 인제지》 권24 〈부여(附餘)〉 "약재 채취 시기(상)" '초부·맥문동'을 함께 참조 바람.

2 일명……인동(忍冬)이다: 《本草綱目》 卷16 〈草部〉 "麥門冬", 1033쪽에 보인다.

3 《本草綱目》, 위와 같은 곳.

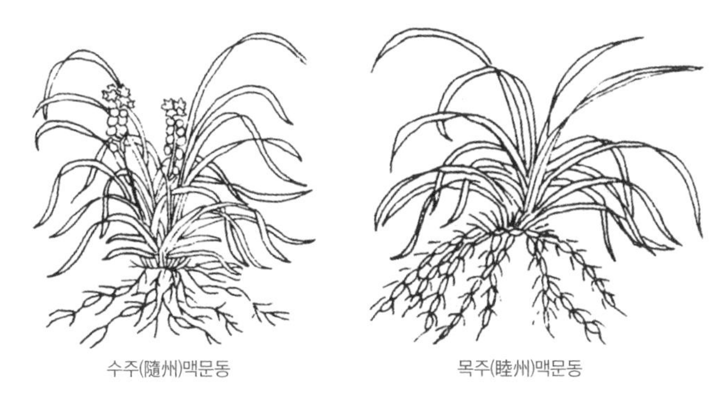
수주(隨州)맥문동　목주(睦州)맥문동

여러 종의 맥문동(이상 《본초도경》)

하는 여러 이름도 있다. 민간에서 맥문동이라고 쓰는 이유는 문(門)자가 문(虋)자보다 쉽기 때문이다.

也.

도경본초[4] 잎은 푸르기가 사초(莎草)[5]와 비슷하다. 키는 1척 남짓에 이르고, 사철 시들지 않는다. 뿌리는 황백색이고 수염뿌리가 있다. 그 수염뿌리는 모

圖經本草 葉青似[1]莎草, 長及尺餘, 四季不凋. 根黄白色有鬚, 在根如[2]連珠

털여뀌꽃

사초(향부자)

4 《圖經本草》 卷4 〈草部〉 "上品之上" '麥門冬'(《本草圖經》, 71쪽).

5 사초(莎草): 사초과 여러해살이풀. 향부자라고도 한다. 모래땅에 자라며 덩이줄기를 약용한다.

[1] 青似: 저본에는 "似青". 오사카본·《圖經本草·草部·上品之上》에 근거하여 수정.

[2] 在根如: 《圖經本草·草部·上品之上》에는 "根作".

습이 마치 구슬 꿰어 놓은 모양처럼 생긴 뿌리에 붙어 있다. 4월에 담홍색 꽃이 피며, 마치 홍료화(紅蓼花)[6]와 같다. 열매는 벽(碧)색이고 구슬처럼 둥글다】

形. 四月開淡紅花, 如紅蓼花. 實碧而圓如珠】

6 홍료화(紅蓼花):쌍떡잎식물 마디풀과의 한해살이풀 여뀌의 꽃. 여뀌는 어린순을 식용하고, 전초와 과실은 약용한다. 풀은 씹으면 매운 맛이 난다. 《임원경제지 예원지》 권1 〈총서〉 "품등" '화훼의 3가지 품등'(풍석 서유구 지음, 임원경제연구소 옮김, 《임원경제지 예원지》 1, 풍석문화재단, 2022, 141~150쪽)을 함께 참조 바람.

2) 알맞은 토양 土宜

옛날에는 오직 야생 맥문동만을 사용했으나, 후세에는 재배한 맥문동을 많이 사용한다. 4월초에 뿌리를 캐어, 검은 흙으로 된 비옥한 사질토에 옮겨 심는다. 《본초강목》[7]

古惟用野生者, 後世多用種蒔者. 四月初採根, 於黑壤肥沙地栽之.《本草綱目》

맥문동을 심을 때에는 검은 땅이나 누런 모래땅이 가장 좋다. 모두 기름지고 좋은 땅이어야 한다. 《산거록》[8]

種麥門冬, 最宜黑地及黃沙地. 皆須肥良.《山居錄》

3) 심기와 가꾸기 種藝

4월초에 뿌리를 캐서 머리를 0.05척 가량 잘라버린다. 약 1척 정도의 간격에 1뿌리를 심되, 흙속으로 0.15척 들어가도록 한다. 이어서 사면을 단단히 다지고 거름을 두툼하게 덮는다.

四月初取根, 芟去頭半寸許. 相去約一尺栽一科, 入土一寸半, 實築四面, 厚着糞.

매년 3차례 거름을 주되, 6월·9월·11월에 각 1번씩 거름을 준다. 풀이 있으면 김을 매고 항상 물을 대 주어야 한다. 씨앗을 심어도 좋지만 그러면 성장이 더디다. 《산거록》[9]

每年三度上糞, 六月、九月、十一月各一度上糞. 有草卽耘, 常須澆灌. 種子亦得, 只是成遲.《山居錄》

7 《本草綱目》, 위와 같은 곳.

8 출전 확인 안 됨;《居家必用》〈戊集〉"種藥類" '種麥門冬'(《居家必用事類全集》, 183쪽).

9 출전 확인 안 됨;《居家必用》, 위와 같은 곳.

4) 약재 제조 製造

볕에 말리는 법은 다음과 같다. 매년 4월 중에 뿌리를 채취한다. 이를 7~8차례 깨끗이 씻는다. 이 중에서 하얗고 깨끗하며 완전히 둥글둥글하게 생긴 놈 고르기를 기준으로 한다. 뿌리를 골랐으면 햇볕에 쬐어 말린다.

曝法: 每四月中摘取子, 淨洗七八遍, 取白淨通圓爲度, 卽曝乾.

일반석으로 수확은 모두 하지(夏至) 1일 전에 한다. 만약 자신이 쓸 요량이면 너무 깨끗하게 씻을 필요가 없다. 많이 씻으면 약효가 떨어질까 걱정되기 때문이다. 적당히 말라서 부드러울 때 바로 덩이뿌리의 가운데 꼭지[心]를 제거한다. 너무 바짝 말리면 덩이뿌리를 취하기 어렵기 때문이다. 《산거록》[10]

凡收采, 皆用夏至前一日. 若自用不必全洗. 洗多恐藥力微. 俟乾軟, 卽便去心. 極乾則難取故也. 《山居錄》

10 출전 확인 안 됨; 《居家必用》, 위와 같은 곳.

12. 결명(決明, 결명자)[1]

決明

1) 이름과 품종

名品

【본초강목[2] 눈을 밝게 하는[明目] 효능이 있기 때문에 결명이란 이름을 붙였다. 다음의 2가지 종류가 있다.

【本草綱目 以明目之功而名. 有二種.

마제결명(馬蹄決明)은 줄기의 높이가 3~4척이다. 잎은 거여목[苜蓿][3]잎보다 크지만 그와 달리 잎의 밑 부분은 작고 끝이 벌어졌다. 낮에 잎이 펼쳐졌다가

馬蹄決明, 莖高三四[1]尺, 葉大於苜蓿而本小末奓. 晝開夜合, 兩兩相帖.

결명자

강망결명

1 결명(決明, 결명자): 콩과의 한해살이풀. 씨앗을 특히 결명자라고 하며 간과 눈의 치료에 사용한다. 《임원경제지 인제지》 권24 〈부여(附餘)〉 "약재 채취 시기(상)" '초부·청상·마제결명'과, 풍석 서유구 지음, 임원경제연구소 옮김, 《임원경제지 정조지》 2, 풍석문화재단, 2020, 256~257쪽과 함께 참조 바람.

2 《本草綱目》 卷16 〈草部〉 "決明", 1056~1057쪽.

3 거여목[苜蓿]: 개자리. 콩과의 두해살이풀. 높이는 30~60cm이며, 잎은 어긋나고 겹잎이다. 봄에 노란 잔꽃이 잎겨드랑이에서 피고 열매는 용수철 모양의 협과(莢果)를 맺으며 거름, 목초로 쓰인다. 서유구 지음, 임원경제연구소 옮김, 《임원경제지 정조지》 1, 풍석문화재단, 2020, 201쪽과 함께 참조 바람.

[1] 三四: 저본에는 "二三". 오사카본·규장각본·《本草綱目·草部·決明》에 근거하여 수정.

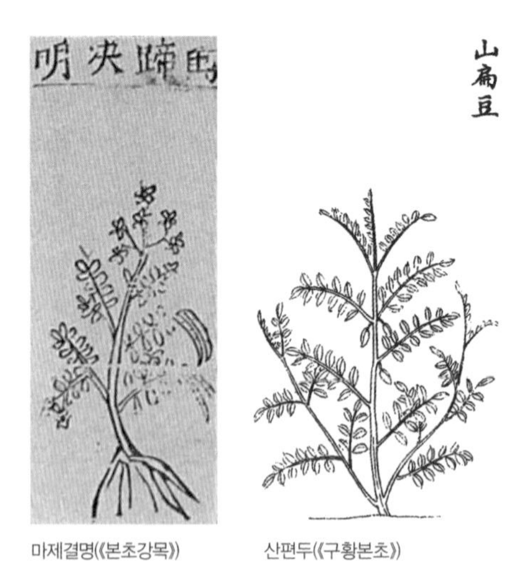

마제결명(《본초강목》)　　산편두(《구황본초》)

밤이면 오므린다. 오므릴 때는 둘씩 짝지어 서로 달라붙는다.

가을에 옅은 황색 꽃의 꽃잎 5개가 핀다. 처음 돋아나는 가느다란 동부[豇豆][4] 모양의 꼬투리를 맺는다. 꼬투리 길이는 0.5~0.6척이다. 꼬투리 안에 씨앗 수십 알이 들쭉날쭉 서로 연달아 들어 있다. 씨앗모양은 말발굽[馬蹄]과 같고 청록색이다. 눈을 치료하는 약에 넣으면 가장 좋다.

秋開淡黃花五出, 結角如初生細豇豆, 長五六寸. 角中子數十粒, 參差相連, 狀如馬蹄, 青綠色, 入眼目藥最良.

강망결명(茳芒決明)은 《구황본초》에서 말한 '산편두(山扁豆)'가 이것이다.[5] 싹과 줄기는 마제결명과 비슷하다. 다만 잎의 밑부분이 작고 끝이 뾰족하여 회화나무잎과 매우 비슷하다. 그리고 마제결명과 달리

茳芒決明,《救荒本草》所謂"山扁豆"是也. 苗莖似馬蹄決明, 但葉之本小末尖, 正似槐葉, 夜亦不合.

4 동부[豇豆]: 쌍떡잎식물 콩과의 한해살이 덩굴식물. 서유구 지음, 임원경제연구소 옮김, 위와 같은 책, 171쪽과 함께 참조 바람.

5 산편두(山扁豆)가 이것이다: 《救荒本草》 卷6 〈米穀部〉 "山扁豆"(《文淵閣四庫全書》 730, 806쪽).

밤이 되어도 잎을 오므리지 않는다.

가을에 짙은 황색 꽃의 꽃잎 5개가 핀다. 새끼손가락두께만 한 꼬투리를 맺으며, 그 길이는 0.2척 정도이다. 꼬투리 안의 씨앗은 2~3줄로 줄지어 있다. 모양은 황촉규[黃葵][6]씨앗과 비슷하지만 그보다 납작하다. 색은 갈색이다.

秋開深黃花五出, 結角大如小指, 長二寸許. 角中子成數列, 狀如黃葵子而扁, 其色褐.

오직 강망결명만은 어린싹 및 꽃과 꼬투리를 모두 데쳐서 먹거나 차로 달여 먹을 수 있다. 이에 비해 마제결명의 싹과 꼬투리는 질기고 써서, 약에만 넣을 뿐 먹을 수는 없다】

惟茳芒嫩苗及花與角子, 皆可瀹茹及點茶食. 馬蹄苗、角韌苦, 惟入藥, 不可食也】

마제결명씨앗(결명자)(파주시 금촌동 통일시장에서 촬영)

마제결명(이상 임원경제연구소, 인천광역시 서구 당하동에서 촬영)

6 황촉규[黃葵]: 무궁화과 일년생 식물. 뿌리에서 나오는 점액은 한지 제조에 사용한다.

2) 종자 고르기

擇種

이 식물에는 두 가지 종이 있다. 약용으로 쓰는 종으로는 마제결명만큼 좋은 것이 없다. 《산거록》[7]

此物有兩般種. 可入藥用者, 不如馬蹄者佳. 《山居錄》

3) 심기와 가꾸기

種藝

봄에 씨앗을 취해서 휴전에 심는다. 거름을 주고 물을 준다. 잎이 나면 따서 먹는다. 가을이 되면 씨앗이 여문다. 《산거록》[8]

春取子, 畦中種之. 上糞下水. 候葉生, 食之. 至秋, 子成. 《山居錄》

2월에 씨앗을 가져다 휴종하는 파종법은 아욱의 파종법과 같다. 잎이 나면 바로 먹는다. 가을이 되면 씨앗이 열린다. 만약 쇠는 것이 싫으면 다른 채소를 번갈아 심어도 좋다. 《사시유요》[9]

二月取子, 畦種同葵法. 葉生便食, 直至秋間, 有子. 若嫌老, 番種亦得. 《四時類要》

저주(滁州)결명자

미주(眉州)결명자

결명자

여러 종의 결명자(이상 《본초도경》)

7 출전 확인 안 됨; 《居家必用》 〈戊集〉 "種藥類" '種決明法'(《居家必用事類全集》, 180쪽).

8 출전 확인 안 됨; 《居家必用》, 위와 같은 곳.

9 《사시찬요 역주》 권2 〈이월〉 "농경과 생활" '결명자 파종하기', 177쪽; 《農政全書》 卷40 〈種植〉 "雜種下" '決明'(《農政全書校注》, 1119쪽).

13. 더덕[沙蔘, 사삼][1]

沙蔘

1) 이름과 품종

名品

일명 '백삼(白蔘)', '양유(羊乳)', '양파내(羊婆奶)', '영아초(鈴兒草)'이다.[2]

一名"白蔘", 一名"羊乳", 一名"羊婆奶"[1], 一名"鈴兒草".

【본초강목】[3] 더덕은 백색이다. 모래땅[沙地]에서 잘 자라기 때문에 이렇게 이름 붙였다. 뿌리에는 하얀 즙이 많다. 민간의 사람들은 '양의 젖'이란 의미로 '양파내(羊婆奶)'라고 부른다. 《명의별록(名醫別錄)》에 나오는 '양유(羊乳)'[4]가 바로 이것이다.

【本草綱目】沙蔘白色, 宜於沙地故名. 其根多白[2]汁. 俚人呼爲羊婆奶. 《別錄》有羊乳, 卽此也.

2월에 싹이 난다. 잎은 처음 난 당아욱[小葵][5]잎과 같지만 그보다 더 둥글고 납작하며, 광택이 없다.

二月生苗, 葉如初生小[3]葵葉, 而團扁不光. 八九月抽

---

1 더덕[沙蔘, 사삼]: 쌍떡잎식물 합판화군 초롱꽃과의 여러해살이 덩굴식물. 사삼, 백삼이라고도 부른다. 뿌리는 도라지처럼 굵고 식물체를 자르면 흰색의 즙액(汁液)이 나온다. 《임원경제지 인제지》 권24 〈부여(附餘)〉 "약재 채취 시기(상)" '초부·【사삼】더덕'을 함께 참조 바람.

2 일명……이다: 《本草綱目》 卷12 〈草部〉 "沙蔘", 710쪽에 보인다.

3 《本草綱目》 卷12 〈草部〉 "沙蔘", 710~711쪽.

4 명의별록(名醫別錄)에……양유(羊乳): 《名醫別錄》 中品 卷2 〈羊乳〉, 162쪽. '羊乳'는 "一名地黃"이라 했다. 《본초강목》의 저자 이시진(李時珍)은 더덕의 이칭으로 양유를 채택했지만, 양유의 이칭인 지황과 더덕이 같다고 하지는 않았다. 흰 즙이 나온다는 의미의 '양유'라는 명칭만을 채택한 듯하다. 《名醫別錄》 中品 卷2 〈丹蔘〉, 124쪽에는 '丹蔘'은 "一名木羊乳"라는 내용도 보인다.

5 당아욱[小葵]: 금규(錦葵), 또는 전규(錢葵)라고도 부른다. 《임원경제지 예원지》 권3 〈꽃류(하)(풀꽃)〉 "금규"(풍석 서유구 지음, 임원경제연구소 옮김, 《임원경제지 예원지》 1, 450~451쪽)에 자세히 보인다.

[1] 奶: 저본에는 "仍". 《本草綱目·草部·沙蔘》에 근거하여 수정.

[2] 白: 저본에는 "自". 오사카본·규장각본·《本草綱目·草部·沙蔘》에 근거하여 수정.

[3] 小: 저본에는 "水". 《本草綱目·草部·沙蔘》에 근거하여 수정.

더덕(사삼)

감탕나무(동청)(이상 《본초강목》)

8~9월에 줄기가 자라나 높이 1~2척이 된다. 줄기 위의 잎은 뾰족하고 길어 구기자나무잎과 비슷하지만 그보다 작고, 잔 톱니모양이 있다.

莖, 高一二尺. 莖上之葉則尖長如枸杞葉, 而小有細齒.

가을에 잎들 사이에서 작은 자주색 꽃이 핀다. 꽃의 길이는 0.02~0.03척이고, 모양은 방울과 같다. 꽃잎 5개 나고, 꽃술은 백색이다. 백색 꽃이 피는 것도 있다. 모두 열매를 맺으며, 크기는 감탕나무[冬青]열매만 하다. 열매 가운데에 잔 씨들이 있다. 서리가 내린 뒤에는 지상부가 마른다.

秋月葉間開小紫花, 長二三分, 狀如鈴鐸, 五出, 白蕊. 亦有白花者. 竝結實, 大如冬青, 中有細子. 霜後苗枯.

안 산골짜기 가까운 고을에 대부분 있다. 더덕뿌리를 나물로 무쳐 먹을 수 있으니, 이 점은 도라지와 같다】

按 近峽州郡多有之. 其根可作蔬茹, 與桔梗同】

2) 알맞은 토양

土宜

모래땅에서 자란 더덕은 뿌리의 길이가 1척 남짓이 된다. 반면 황토에서 자란 더덕은 짧고 작다.《본초강목》[6]

生沙地者, 根長尺餘, 生黃土地者短而小.《本草綱目》

산의 절벽이나 석벽 사이에서 잘 난다.《증보산림경제》[7]

好生山崖、石壁間.《增補山林經濟》】

3) 심기와 가꾸기

種藝

2월에 뿌리를 캐서 모래땅에 심는다. 몇 해가 지나야 더덕뿌리가 굵어진다.《증보산림경제》[8]

二月取根, 種之沙土, 數年根大.《增補山林經濟》

---

6 《本草綱目》卷12〈草部〉"沙蔘", 711쪽.

7 출전 확인 안 됨.《증보산림경제》의 '沙蔘' 항목에는 위의 내용이 보이지 않는다.

8 《增補山林經濟》卷6〈治圃〉"沙蔘"(《農書》3, 431쪽).

수주(隨州)사삼

귀주(歸州)사삼

치주(淄州)사삼

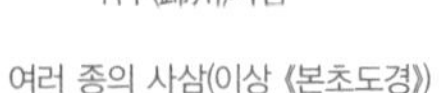

여러 종의 사삼(이상 《본초도경》)

4) 거두기

收採

8~9월에 캔 더덕은 뿌리가 백색이고 실하다. 반면 봄철에 캔 더덕은 약간 황색을 띠고 무르다. 《본초강목》[9]

八九月采者白而實，春月采者微黃而虛.《本草綱目》

5) 쓰임새

功用

나물로 먹어도 좋고, 말려 먹어도 좋고, 장아찌를 담아 먹어도 좋다. 《증보산림경제》[10]

作菜，作脯，作醬，竝佳.《增補山林經濟》

더덕순

더덕(이상 임원경제연구소, 파주시 금촌동 통일시장에서 촬영)

---

9 《本草綱目》, 위와 같은 곳.

10 《增補山林經濟》, 위와 같은 곳.

14. 궁궁이[芎藭, 궁궁][1]

芎藭

1) 이름과 품종

名品

일명 '호궁(胡藭)', '천궁(川芎)', '산국궁(山鞠窮)'이다.[2]

一名"胡藭", 一名"川芎", 一名"山鞠窮".

【본초강목[3] 궁(芎)은 본래 영(營)으로 쓴다. 그러나 그 이름과 의미는 미상이다. 호(胡)[4], 융(戎)[5] 지방에서 나는 것을 좋게 여기기 때문에 '호궁(胡藭)'이라 한다. 촉(蜀)[6] 지방에서 나는 것은 '천궁(川芎)'이라 한다. 《춘추좌씨전(春秋左氏傳)》에서는 '산국궁(山鞠窮)'이라 했다.[7]

【本草綱目 芎本作營, 名義未詳. 以胡、戎者爲佳, 故曰"胡藭". 出蜀中者, 爲"川芎".《左傳》作"山鞠窮".

구황본초[8] 잎은 미나리와 비슷하지만 그보다 약간 가늘고 좁으며, 갈래져 있다. 또 구릿대[白芷][9]잎과

救荒本草 葉似芹而微細窄, 有丫[1]叉. 又似白芷葉

1 궁궁이[芎藭, 궁궁]: 쌍떡잎식물 이판화군 산형화목 미나리과의 여러해살이풀. 주로 중국의 사천(四川)과 운남(雲南), 귀주(貴州) 등 남방에서 많이 생산된다. 《임원경제지 인제지》 권24 〈부여(附餘)〉 "약재 채취 시기(상)" '초부·천궁'을 함께 참조 바람.

2 일명……산국궁(山鞠窮)이다: 《本草綱目》 卷14 〈草部〉 "芎藭", 837쪽에 보인다.

3 《本草綱目》, 위와 같은 곳.

4 호(胡): 중국 북서쪽 일대. 흉노족이 살았던 지역과 서역(西域) 여러 나라를 의미한다.

5 융(戎): 중국 서쪽 일대. 오늘날의 섬서성(陝西省) 서부와 감숙성(甘肅省) 일부 지역이다.

6 촉(蜀): 중국 사천성(四川省) 서쪽 일대. 천(川)이라고도 부른다.

7 《춘추좌씨전(春秋左氏傳)》에서는……했다: 《春秋左傳正義》 卷23 〈宣公〉 十二年(《十三經注疏整理本》 17, 756쪽).

8 《救荒本草》 卷1 〈草部〉 "川芎"(《文淵閣四庫全書》 730, 634쪽).

9 구릿대[白芷]: 쌍떡잎식물 미나리과의 두해살이 또는 세해살이풀. 대활(大活)·흥안백지·독활·굼배지라고도 한다. 발한·진정·진통·정혈·감기·두통·통경·치통 등에 약으로 쓴다.

[1] 丫: 《救荒本草·草部·川芎》에는 "花".

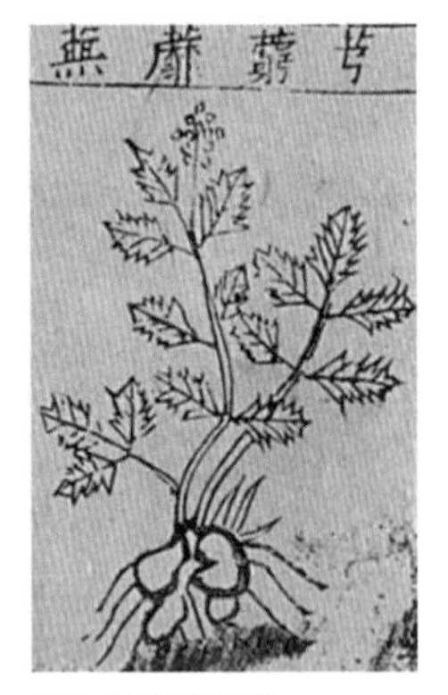

궁궁미무(《본초강목》)

천궁(《구황본초》)

비슷하지만 역시 그보다 가늘다. 또 고수풀[胡荽][10] 잎과 비슷하지만 그보다 약간 뻣뻣하다. 어떤 종은 사상자(蛇牀子)[11]잎과 비슷하지만 또한 그보다 거칠다. 여린 잎은 익혀서 먹을 수 있다.

而亦細. 又似胡荽葉而微壯. 一種似蛇牀葉而亦粗. 嫩葉可焠食.

명의별록[12] 잎은 '미무(蘼蕪)'[13]라 한다. 일명 '강리(江蘺)'이다[14]】

名醫別錄 葉名"蘼蕪". 一名"江蘺"】

---

10 고수풀[胡荽]:산형과(繖形科)의 한해살이풀. 잎과 줄기는 음식에 넣어서 먹고 열매는 양념·향료·건위제·해열제 등으로 사용한다. 풍석 서유구 지음, 임원경제연구소 옮김, 위와 같은 책, 193~194쪽과 함께 참조 바람.

11 사상자(蛇牀子):산형과의 두해살이풀. 어린싹은 식용한다.

12 《名醫別錄》〈中品〉卷2 "芎藭", 119쪽. 이칭인 '강리(江蘺)'는 '芎藭' 항목에 보이지 않고 '蘼蕪' 항목에 보인다.

13 미무(蘼蕪):궁궁이의 싹. 궁궁이의 전초를 말린 것을 의미하기도 한다.

14 일명 '강리(江蘺)'이다:《名醫別錄》〈上品〉卷1 "蘼蕪", 58쪽.

2) 알맞은 토양

土宜

촉(蜀) 지방은 덜 춥기 때문에 사람들이 궁궁이를 많이 재배한다. 늦가을에도 줄기와 잎이 시들지 않는다. 《본초강목》[15]

蜀地少寒, 人多栽蒔. 深秋莖葉亦不萎. 《本草綱目》

《관자(管子)》[16]에 "오옥(五沃)의 흙[17]에 궁궁이잎[蘼蕪, 미무]이 난다."[18]라 했다. 그러므로 궁궁이를 심을 때에는 반드시 비옥한 땅을 골라 심어야 한다. 거름 주기를 알맞게 하면 쉽게 무성히 만들 수 있다. 《행포지》[19]

《管子》云: "五沃之土, 生蘼蕪." 故種之, 須擇肥沃之地. 培壅得所, 易致滋胤. 《杏蒲志》

3) 심기와 가꾸기

種藝

청명(淸明, 양력 4월 5·6일경)이 지난 뒤 묵은 뿌리에서 싹이 난다. 그 가지를 나누어 가로로 땅에 묻으면 마디마디에서 뿌리가 난다. 8월에 뿌리 아래에서 비로소 궁궁이를 맺는다. 그제서야 이를 캔 다음 찌고 햇볕에 말려서 시장에 팔 수 있다. 《본초강목》[20]

淸明後宿根生苗. 分其枝橫埋之, 則節節生根. 八月根下始結芎藭, 乃可掘取, 蒸曝貨之. 《本草綱目》

청명이 지난 뒤 묵은 뿌리에서 싹이 난다. 가지

淸明後宿根生苗. 分而橫

---

15 《本草綱目》 卷14 〈草部〉 "芎藭", 838쪽.

16 관자(管子): 중국 고대의 책. 춘추 시대 제(齊)나라의 사상가·정치가인 관중(管仲, ?~B.C. 645)이 지은 것으로 알려져 있다. 그러나 그 내용으로 보아 제나라의 영웅으로 칭송되던 현상(賢相) 관중의 업적을 중심으로 하여 후대의 사람들이 썼고, 전국 시대에서 한대(漢代)에 걸쳐서 성립된 것으로 추정된다. 원본은 86편이었다고 하는데, 원(元)나라 이후에 76편만 남아 있다.

17 오옥(五沃)의 흙: 5가지 비옥한 흙. 붉은 것, 푸른 것, 누런 것, 하얀 것, 검은 것이 있으며 그 성질은 단단하고 고우며, 구멍이 많아서 벌레들이 온전히 살기가 쉽다. 《임원경제지 본리지》 권3 〈토질 분별법〉 "총서" '흙 살피기 총론'(서유구 지음, 정명현·김정기 역주, 《임원경제지 본리지》 1, 소와당, 2008, 305쪽)을 함께 참조 바람.

18 오옥(五沃)의……난다: 《管子》 卷19 〈地員〉 第58(《管子校釋》, 469~471쪽).

19 《杏蒲志》 下 卷3 〈種芎藭〉(《農書》 36, 212~213쪽).

20 《本草綱目》, 위와 같은 곳.

를 나누어 가로로 땅에 묻는다. 푸석푸석하면서 기름진 땅이 좋다. 마디마디에서 뿌리가 난다. 《군방보》[21]

埋之. 宜鬆肥土. 節節生根. 《群芳譜》

21 《二如亭群芳譜》〈利部〉"藥譜" 1 '川芎'(《四庫全書存目叢書補編》 80, 554쪽).

4) 물주기와 거름주기

澆壅

거름물을 줄 때는 퇴생수(退牲水)[22]가 좋다. 《군방보》[23]

澆宜退牲水. 《群芳譜》

5) 거두기

收採

뿌리는 9~10월에 캐는 것이 좋다. 3~4월에 캐면 뿌리가 무르고 나빠서 쓸 만하지 않다. 《군방보》[24]

其根, 九十月採者佳. 三四月, 虛惡不堪用. 《群芳譜》

6) 쓰임새

功用

그 잎이 어릴 때 나물로 먹으면 향기롭고 맛있다. 또 햇볕에 말려 옷상자나 책에 두면 좀을 예방할 수 있다. 《행포지》[25]

其葉嫩時作蔬, 香美. 又可曬曝藏衣笥、書卷, 能辟蠹. 《杏蒲志》

영강군(永康軍)궁궁

봉상부(鳳翔府)궁궁(이상 《본초도경》)

22 퇴생수(退牲水): 희생을 잡기 위해 끓는 물로 짐승을 살짝 삶아 씻은 물. 이렇게 씻는 과정을 '튀한다'고 표현한다.

23 《二如亭群芳譜》, 위와 같은 곳.

24 《二如亭群芳譜》, 위와 같은 곳.

25 《杏蒲志》下 卷3 〈種芎藭〉(《農書》 36, 213쪽).

15. 노야기[香薷, 향유][1]

香薷

1) 이름과 품종

일명 '향채(香菜)', '밀봉초(蜜蜂草)'이다.[2]

【본초강목】[3] 유(薷)는 본래 유(葇)로 쓴다. 《옥편(玉篇)》[4]에 "노야기는 채소 종류이다."[5]라 한 것이 이것이다. 그 냄새가 향기롭고 잎이 부드럽기 때문에

名品

一名"香菜", 一名"蜜蜂草".

【本草綱目】 薷本作葇. 《玉篇》云"葇菜蘇之類"是也. 其氣香, 其葉柔, 故以名

향유(《본초강목》)

향유(《본초도경》)

1 노야기[香薷, 향유]: 꿀풀과에 속하는 일년생 초본식물. 《동의보감》·《제중신편(濟衆新編)》·《산림경제》 등에는 '노야기'로 실려 있다. 《임원경제지 인제지》 권24 〈부여(附餘)〉 "약재 채취 시기(상)" '초부·향유'를 함께 참조 바람.

2 일명……밀봉초(蜜蜂草)이다: 《本草綱目》 卷14 〈草部〉 "香薷", 909쪽에 보인다.

3 《本草綱目》, 위와 같은 곳.

4 옥편(玉篇): 중국 육조(六朝) 시대에 양(梁)나라의 고야왕(顧野王, 519~581)이 편찬한 자전(字典). 총 30권. 《설문해자(說文解字)》의 체제와 내용에 근거하여 16,917개의 표제자를 선정하여 542부수에 따라 배열하였다.

5 향유는……종류이다: 《玉篇》 卷13 〈草部〉 第162(《文淵閣四庫全書》 224, 114쪽).

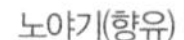
노야기(향유)

명아주(임원경제연구소, 파주시 파주읍 연풍리에서 촬영)

이렇게 이름 붙였다.

之.

네모난 줄기에 뾰족한 잎이 있으며, 잎 주위에 톱니모양이 있다. 순비기나무[黃荊][6]잎과 상당히 비슷하지만 그보다 작다. 9월에 자색 꽃이 피고 이삭이 영글며 여기에 자잘한 씨앗이 달린다.

方莖尖葉, 有刻缺. 頗似黃荊葉而小. 九月開紫花成穗, 有細子.

그 종류에는 2가지가 있다. 그중 잎이 큰 노야기가 좋다. 잔 노야기는 높이가 겨우 몇 촌 정도이고, 잎은 명아주[落帚][7]잎과 비슷하다. 곧 '석향유(石香薷)'이다】

其種有二, 大葉者良. 細葉者, 菫高數寸, 葉如落帚葉, 卽"石香薷"也】

---

6 순비기나무[黃荊]: 쌍떡잎식물 통화식물목 마편초과의 낙엽관목. 만형(蔓荊)이라고도 한다.

7 명아주[落帚]: 명아주과에 속하는 한해살이풀.

2) 알맞은 토양

土宜

잔 잎이 나는 노야기는 돌 위에 잘 나기 때문에 '석향유(石香薷)'라 한다. 석향유를 심을 때는 모래와 돌이 있고, 희고 깨끗하며 마른 땅이 좋다. 《행포지》[8]

細葉香薷, 好生石上, 故稱"石香薷". 種之, 宜砂石白淨燥地. 《杏蒲志》

3) 종자 고르기

擇種

들에서 나는 노야기가 있고, 농가에서 심는 노야기가 있다. 단계(丹溪) 주진형(朱震亨)[9]은 잎이 큰 노야기만 좋다고 여겼다. 하지만 그 잎이 가는 향유는 향기가 훨씬 강렬하다. 《본초강목》[10]

有野生, 有家蒔. 丹溪朱氏惟取大葉者爲良, 而其細葉者香烈更甚. 《本草綱目》

4) 심기와 가꾸기

種藝

변수(汴水)[11]와 낙수(洛水)[12] 인근에 채소밭을 만들어 심는다. 《본초연의》[13]

汴、洛作圃種之. 《本草衍義》

5) 쓰임새

功用

여름철에 나물을 만든다. 《본초연의》[14]

暑月用[1]作蔬菜. 《本草衍義》

---

8 《杏蒲志》下 卷3 〈種香薷〉(《農書》 36, 213쪽).

9 주진형(朱震亨) : 1281~1358. 중국 원(元)나라의 의학자. 호는 단계(丹溪). 어릴 적부터 사서오경(四書五經)과 정주리학(程朱理學)을 배우다 30세 후에야 비로소 의학을 배우기 시작하였다. 병증을 치료할 때 융통성 있게 약을 쓸 것을 주장하였다. 저서에 《격치여론(格致餘論)》·《단계심법(丹溪心法)》·《본초연의보유(本草衍義補遺)》 등이 있다.

10 《本草綱目》, 위와 같은 곳.

11 변수(汴水) : 하남성(河南省)에 있는 황하(黃河)의 지류.

12 낙수(洛水) : 섬서성(陝西省) 낙남현(洛南縣) 서북부에서 발원하여 황하로 흘러드는 지류.

13 《本草衍義》 卷19 〈香薷〉, 144쪽; 《本草綱目》, 위와 같은 곳.

14 《本草衍義》, 위와 같은 곳; 《本草綱目》, 위와 같은 곳.

[1] 用 : 《本草綱目·草部·香薷》에는 "亦".

16. 정가[荊芥, 형개][1]

荊芥

1) 이름과 품종

일명 '가소(假蘇)', '강개(薑芥)'이다.[2]

【본초강목[3] 냄새와 맛이 향기롭고 맵기가 차조기[蘇], 생강[薑], 겨자[芥]와 비슷하기 때문에 여러 가지 이름이 붙여졌다.

네모난 줄기와 가느다란 잎은 댑싸리[獨帚]잎과 비슷하지만 그보다 좁고 작으며, 연한 황록색이다.

名品

一名"假蘇", 一名"薑芥".

【本草綱目 氣味辛香, 如蘇, 如薑, 如芥, 故有諸名.

方莖細葉, 似獨帚葉而狹小, 淡黃綠色. 八月開小

가소형개(《본초강목》)

형개의 이삭

1 정가[荊芥, 형개]: 꿀풀과에 속하는 일년생 초본식물. 서명(鼠蓂)이라고도 한다. 《임원경제지 인제지》 권24 〈부여(附餘)〉 "약재 채취 시기(상)" '초부·형개'를 함께 참조 바람.

2 일명……강개(薑芥)이다: 《本草綱目》 卷14 〈草部〉 "假蘇", 913쪽에 보인다.

3 《本草綱目》, 위와 같은 곳.

형개잎

형개꽃

8월에 작은 꽃을 피우고, 이삭이 영글면서 씨방을 만든다. 씨방은 차조기의 씨방과 비슷하다. 안에 다닥냉이씨[葶藶子, 정력자]와 같이 자잘한 씨앗이 들어 있으며, 황적색이다】

花, 作穗成房. 房如紫蘇房, 內有細子如葶藶子, 黃赤色】

다닥냉이(임원경제연구소, 전남 신안군 흑산도에서 촬영)

2) 심는 시기 時候

2월에 씨를 뿌린다.《본초강목》[4]

二月布子.《本草綱目》

3) 심기와 가꾸기 種藝

정가는 원래 들에서 난다. 그러나 오늘날에는 대부분 재배한 것이다.《본초강목》[5]

荊芥原是野生. 今多栽蒔.《本草綱目》

4) 거두기 收採

씨가 익었을 때 이삭째 거둔다.《본초강목》[6]

子熟時, 連穗收採.《本草綱目》

5) 쓰임새 功用

그 싹은 볶아 먹으면 매콤하고 향기롭다.《본초강목》[7]

其苗炒食辛香.《本草綱目》

---

4 《本草綱目》, 위와 같은 곳.
5 《本草綱目》, 위와 같은 곳.
6 《本草綱目》, 위와 같은 곳.
7 《本草綱目》, 위와 같은 곳.

17. 영생이[薄荷, 박하][1]

薄荷

1) 이름과 품종

名品

일명 '발활(菝蔄)'【음은 발활(跋活)이다】이다.[2]

一名"菝蔄"【音跋活】.

【본초강목[3] 박하는 민간에서 일컫는 말이다.

【本草綱目 薄荷, 俗稱也.

식성본초(食性本草)[4][5] '발활(菝蔄)'이라 쓴다. 네모난 줄기에 적색이다. 그 잎은 마주 보며 난다. 처음에는

食性本草 作菝蔄. 方莖赤色, 其葉對生, 初時形長而

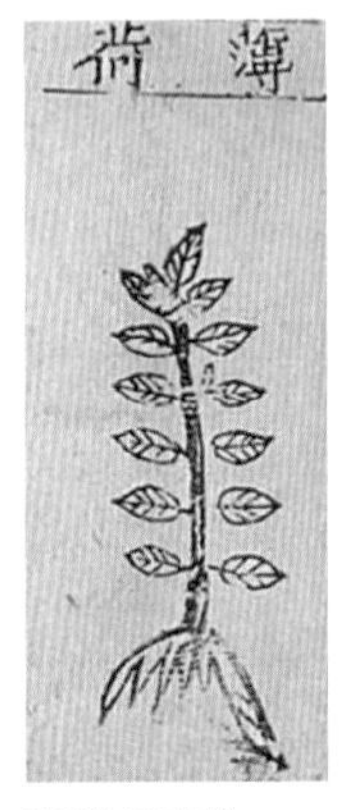

박하(《본초강목》)

남경(南京)박하

악주(岳州)박하(이상 《본초도경》)

1 영생이[薄荷, 박하]: 쌍떡잎식물 통화식물목 꿀풀과의 여러해살이 숙근초. 야식향(夜息香)·번하채·인단초(仁丹草)·구박하(歐薄荷)라고도 한다. 《임원경제지 인제지》 권24 〈부여(附餘)〉 "약재 채취 시기(상)" '초부·박하'를 함께 참조 바람.

2 일명 발활(菝蔄)이다: 《本草綱目》 卷14 〈草部〉 "薄荷", 917쪽에 보인다.

3 《本草綱目》, 위와 같은 곳.

4 식성본초(食性本草): 중국 남당(南唐) 시대의 진사량(陳士良, ?~?)의 저술. 제가(諸家)들의 약품을 취하여 음식에 대하여는 문(門)을 나누고 유(類)를 구별하였다.

5 출전 확인 안 됨; 《本草綱目》, 위와 같은 곳.

박하

박하꽃

모양이 길고 끝부분이 둥글지만, 다 자라면 뾰족해진다. 남박하(南薄荷)·용뇌박하(龍腦薄荷) 몇 종류가 있다】

頭圓, 及長作尖. 有南薄荷、龍腦薄荷數種】

박하꽃

박하

2) 심기와 가꾸기

種藝

옮겨 심을 수 있다. 겨울을 나도 뿌리가 죽지 않는다. 원(元) 사농사(司農司)《농상집요》[6]

可移栽. 經冬根不死. 元司農司《農桑輯要》

영생이는 사람들이 많이 심는다. 2월에 묵은 뿌리에서 싹이 나면, 청명(淸明, 양력 4월 5·6일경) 전후로 나누어 심는다. 《본초강목》[7]

薄荷, 人多栽蒔. 二月宿根生苗, 淸明前後分之. 《本草綱目》

심는 법: 청명 전에 오래된 뿌리에서 난 싹을 취하여 옮겨 심는다. 비옥한 땅은 그다지 좋아하지 않으므로, 단지 맑은 똥거름물을 3~4차례 주면 된다. 《증보도주공서》[8]

種法: 於淸明內, 取舊根發芽者移栽. 不甚喜肥, 止用淸糞澆三四次. 《增補陶朱公書》

3) 거두기

收採

일반적으로 영생이를 거둘 때에는 반드시 이틀 전에 똥거름물을 주어야 한다. 비가 온 뒤라야 옮긴다.[9] 베어 거두면 맛이 청량하지만, 그렇게 하지 않으면 청량하지 않다. 《물류상감지》[10]

凡收薄荷, 須隔夜以糞水澆之, 雨後乃移. 刈收則性涼, 不爾不涼也. 《物類相感志》

4) 약재 제조

製造

소서(小暑, 양력 7월 5·6일경)가 지난 뒤에 햇볕에 말

小暑後, 曬乾用之. 《增補

6 《農桑輯要》 卷6 〈竹木〉 "薄荷"(《農桑輯要校注》, 245쪽).
7 《本草綱目》, 위와 같은 곳.
8 출전 확인 안 됨.
9 비가……옮긴다 : 이 의미가 명확하지 않다. 이 내용을 담은 《군방보》에는 "내이(乃移)" 두 글자가 없다. 《군방보》대로 풀면(비가 온 뒤에 베어 거두면) 뜻은 분명해진다.
10 출전 확인 안 됨; 《二如亭群芳譜》 〈利部〉 第3 "藥譜" 3 '薄荷'(《四庫全書存目叢書補編》 80, 615쪽).

려 사용한다. 《증보도주공서》[11]

陶朱公書》

5) 쓰임새

功用

그 잎은 차를 대신할 수 있다. 《본초강목》[12]

其葉可[1]以代茶. 《本草綱目》

11 출전 확인 안 됨.
12 《本草綱目》, 위와 같은 곳.
[1] 可:《本草綱目·草部·薄荷》에는 "多".

18. 방풍(防風)[1]

防風

1) 이름과 품종

名品

일명 '회운(茴芸)', '간근(蕑根)'이다.[2]

一名"茴芸", 一名"蕑根".

【본초강목[3] 그 약효가 풍병(風病)을 치료하는 데 가장 요긴하기 때문에 '방풍'이라 한다. '운(芸)', '회(茴)', '간(蕑)'이라 한 까닭은 그 꽃이 회향(茴香)과 비슷하고 그 향기가 운호(芸蒿)[4]나 간란(蕑蘭)[5]과 같기 때문이다.

【本草綱目 其功療風最要, 故曰"防風". 曰"芸", 曰"茴", 曰"蕑"者, 其花似茴香, 其氣如芸蒿、蕑蘭也.

방풍(《구황본초》)

방풍싹(임원경제연구소, 국립원예특작과학원에서 촬영)

1 방풍(防風): 쌍떡잎식물 산형화목 미나리과의 세해살이풀. 방풍의 뿌리 및 뿌리줄기는 약재로 사용된다. 관방풍(關防風)·동방풍(東防風)이라고도 한다. 《임원경제지 인제지》 권24 〈부여(附餘)〉 "약재 채취 시기(상)" '초부·방풍'을 함께 참조 바람.

2 일명……간근(蕑根)이다: 《本草綱目》 卷13 〈草部〉 "防風", 790쪽에 보인다.

3 《本草綱目》, 위와 같은 곳.

4 운호(芸蒿): 쌍떡잎식물 산형화목 미나리과의 여러해살이풀인 시호(柴胡)의 별칭.

5 간란(蕑蘭): 미상. 난초의 일종으로 추정된다.

방풍(임원경제연구소, 경주시 손곡동에서 촬영)

도경본초[6] 줄기와 잎이 모두 청록색이다. 다만 줄기는 짙은 청록색이고, 잎은 연한 청록색이다. 제비쑥[青蒿, 청호]과 비슷하지만 그보다 길이가 짧고 키가 작다. 초봄에 막 난 어린 싹은 자홍색이다.

圖經本草 莖葉俱青綠色, 莖深而葉淡. 似青蒿而短小. 春初時嫩, 紫紅色[1].

6 《圖經本草》 卷5 〈草部〉 上品 "防風"(《本草圖經》, 121~122쪽).

[1] 紅色:《圖經本草·草部·防風》에는 없음.

5월에 자잘한 백색 꽃이 피며, 가운데 줄기에 떨기 지어 큰 씨방[大房]을 만든다. 시라(蒔羅)[7]의 꽃과 비슷하고, 열매는 고수씨앗[胡荽子, 호유자]과 비슷하지만 그보다 더 뾰족하다. 뿌리는 황토색이고, 접시꽃[蜀葵, 촉규]뿌리와 유사하다】

五月開細白花, 中心攢聚作大房. 似蒔羅花, 實似胡荽子而尖. 根土黃色, 與蜀葵根相類】

방풍(정성섭·김복남)

뜯어 놓은 방풍(임원경제연구소, 파주시 금촌동 통일시장에서 촬영)

7 시라(蒔羅): 허브의 일종으로, 오늘날의 딜(Dill)이다. 소회향이라고도 부른다.

방풍

방풍꽃(이상 임원경제연구소, 경주시 손곡동에서 촬영)

2) 종자 고르기

석방풍(石防風)은 산의 돌 틈에서 난다. 그 씨앗 또한 심을 수 있다. 《본초강목》[8]

擇種

石防風生于山石之間, 其子亦可種. 《本草綱目》

3) 심기와 가꾸기

심는 법은 일반 채소 심는 법과 같다. 《증보도주공서》[9]

種藝

種法, 與種菜同. 《增補陶朱公書》

---

8 《本草綱目》, 위와 같은 곳.

9 출전 확인 안 됨.

19. 우엉[牛蒡, 우방][1]

牛蒡

1) 이름과 품종

名品

일명 '악실(惡實)', '서점(鼠粘)', '대력자(大力子)'이다.[2]

一名"惡實", 一名"鼠粘", 一名"大力子".

【도경본초[3] 열매와 껍질에 가시가 많아서 쥐[鼠]가 지나가면 쥐에게 엉겨 붙어 떨어트릴 수 없기 때문에 '서점(鼠粘)'이라 이름 붙였다.

【圖經本草 實殼多刺, 鼠過之則綴惹不可脫, 故名"鼠粘".

본초강목[4] 그 열매 모양이 못났기[惡] 때문에 '악실

本草綱目 其實狀惡, 故名

악실(우엉)(《본초강목》)

1 우엉[牛蒡, 우방]: 쌍떡잎식물 초롱꽃목 국화과의 두해살이풀. 우엉속(Arctium) 식물은 전 세계에 약 10종이 있으며 아시아와 유럽의 온대 지역에 분포한다. 《임원경제지 인제지》 권24 〈부여(附餘)〉 "약재 채취 시기(상)" '초부·악실'을 함께 참조 바람.

2 일명……대력자(大力子)이다:《本草綱目》 卷15 〈草部〉 "惡實", 985쪽에 보인다.

3 《圖經本草》 卷7 〈草部〉 中品 "惡實"(《本草圖經》, 207쪽).

4 《本草綱目》 卷15 〈草部〉 "惡實", 985~986쪽.

(惡實)'이라 이름 붙였다. 뿌리와 잎은 모두 먹을 수 있다. 옛 사람들은 '우채(牛菜)'라 불렀다. 술사들의 은어로는 '대력(大力)'이라 불렀다.

"惡實". 根葉皆可食. 故人呼爲"牛菜". 術人隱語, 呼爲"大力"也.

줄기는 높이가 3~4척이다. 4월에 꽃이 떨기지어 피며, 옅은 자색이다. 풍향수[楓梂][5]열매처럼 열매를 맺지만 그보다 작다. 꽃받침 위에 자잘한 가시 수십 개가 촘촘히 모여 나 있다. 껍질 안에 씨앗 수십 알이 들어 있다】

莖高三四尺. 四月開花成叢, 淡紫色. 結實如楓梂而小. 萼上細刺, 百十攢簇之. 梂有子數十粒】

우엉싹

우엉(이상 국립원예특작과학원에서 촬영)

약재로 쓰이는 우엉(임원경제연구소, 파주시 금촌동 통일시장에서 촬영)

우엉

5 풍향수[楓梂]: 조록나무과의 나무. 전 세계에 약 6종이 있다. 중국에서는 풍향수의 익은 열매를 말린 것은 노로통(路路通)이라고 불리며, 약재로 사용된다.

우엉잎

풍향수[楓梂]열매

2) 심기와 가꾸기

기름진 땅을 푹 삶기도록 갈아 깊고 평평하게 만든다. 2월말에 종자를 심는다. 싹이 난 뒤에 김매준다. 날이 가물면 물을 준다. 8월 이후에 바로 뿌리를 캐서 먹는다. 만약 씨앗을 취하려면 뿌리를 남겨 두어 해를 넘겨야만 씨앗이 열린다. 일반적으로 노는 땅에는 아무데나 심을 수 있으니, 휴전에만 심을 수 있는 것은 아니다. 《사시유요》[6]

種藝

熟耕肥地, 令深平. 二月末下子. 苗出後耘. 旱則澆灌. 八月以後, 卽取根食. 若取子, 卽留隔年, 方有子. 凡是閑地, 卽須種之, 不但畦種也. 《四時類要》

우엉 심는 법: 기름지고 좋은 땅을 골라 1월에 푹 삶기도록 3~5차례 땅을 간다. 긴 날이 달린 가래로 땅을 파서 깊고 부드럽게 한 다음, 누차나 써레로 평평하게 만든다. 2월말에 종자를 심되, 드문드문 심어서는 안 된다. 싹이 난 뒤에 잡초가 생기면 김매준다.

種牛蒡法: 須擇肥良地, 正月中熟耕三五遍. 以長刃鍬掘令深軟, 耬耙平. 二月末下子, 不得稀. 苗出後, 有草生則耘.

6 《사시찬요 역주》 권2 〈이월〉 "농경과 생활" '우엉 심기', 172쪽;《農桑輯要》 卷6 〈竹木〉 "牛蒡子"(《農桑輯要校注》, 243쪽).

8월 이후에 긴 날이 달린 가래로 그 뿌리를 파내면 뿌리의 크기가 팔뚝만 하다. 오직 기름진 땅이 좋다. 가물면 물을 뿌려 준다. 이 식물은 채소 가운데 매우 좋은 종류이다. 휴전뿐만 아니라 단지 노는 땅에는 아무데나 심을 수 있기 때문이다. 그 뿌리와 잎은 모두 먹을 수 있다.

八月以後, 長刃鍬掘其根, 大可如臂. 惟宜肥地. 旱則澆水. 此物菜中極佳. 非惟畦中, 但閑地皆可種. 其根葉皆可食.

밭을 갈 때는 오직 깊고 푹 삶기도록 갈아 주어야 하고, 매우 기름진 땅에 배게 심어야 효과가 빼어나다. 만약 드문드문 심으면 속이 빈다. 씨앗을 거두려면 그 뿌리를 다음해까지 남겨 두어야 한다. 그래야만 씨앗이 열린다. 심을 때에 싹이 나도록 두어서는 안 된다.

耕地, 惟須深熟, 全肥地稠種爲妙, 若稀種則心虛. 擬收子, 卽須留隔年者, 乃有子也. 種時不得放苗出.

【별도의 판본에는 다음과 같이 적혀 있다. "씨앗을 휴전에 심는다. 봄철에 비가 내리는 틈을 타 곧바로 심는다. 만약 물이 있다면 굳이 비를 기다릴 필요는 없다. 땅에 거름을 주어야만 쑥쑥 자란다. 가물면 물을 뿌려 준다. 싹 자르기는 부추 자르는 법과 같다. 약초 가운데 좋은 종류이다. 다만 많이 심으면 싹과 뿌리가 모두 사람에게 이롭다"】

【別本云: "取子畦中種之. 春時乘雨卽種[1]. 若有水卽不要候雨也. 地須加糞, 灼然肥者. 旱則澆水, 翦如翦韭法. 藥中之美, 但多種, 苗及根皆益人"】

강남에서는 우엉을 심어 씨앗을 거둔다. 2년이 걸려 우엉 줄기 위에 맺힌 씨앗은 또 심을 수 있다. 1월에 김매기를 마친 뒤, 돼지똥거름을 흙 위에 펼쳐 놓는다. 또 기름진 흙을 거름흙과 섞어 덮어 준 뒤에 씨앗을 심는다. 이때 배게 심으면 잘 자란다고 한

江南種牛蒡收子, 須經兩年苗上結者子又可種. 正月間鋤地訖, 以猪糞鋪土上. 又以肥土竝糞壤覆之, 然後下子. 密種則易肥云. 當

[1] 種:《居家必用·種菜類·種牛蒡法》에는 "生".

다. 그 해에 열매를 맺은 경우에는 그 씨앗을 심어도 싹이 나지 않는다. 《산거록》[7]

年結子者, 種不出. 《山居錄》

7 출전 확인 안 됨; 《居家必用》 戊集 〈種菜類〉 "種藥類" '種牛蒡法'(《居家必用事類全集》, 184쪽).

20. 질경이[車前, 차전][1]

車前

1) 이름과 품종

名品

일명 '당도(當道)', '부이(芣苡)', '마석(馬舄)', '우유(牛遺)'이다.[2]

一名"當道", 一名"芣苡", 一名"馬舄", 一名"牛遺".

【본초강목[3] 이 약초는 길가나 소나 말이 지나간 자리에서 잘 나기 때문에 차전(車前), 당도(當道), 마석(馬舄), 우유(牛遺) 등의 여러 이름이 있다.

【本草綱目 此草好生道邊及牛馬跡中, 故有車前、當道、馬舄、牛遺諸名.

질경이(《본초도경》)

1 질경이[車前, 차전]: 쌍떡잎식물 질경이목 질경이과의 여러해살이풀. 질경이속(Plantago) 식물은 전 세계에 약 190여 종이 있다. 세계의 온대와 열대 지역에 널리 분포하는데, 북반구 북쪽으로 북극권 부근에까지 분포한다. 《임원경제지 인제지》 권24 〈부여(附餘)〉 "약재 채취 시기(상)" '초부·차전'을 함께 참조 바람.

2 일명……우유(牛遺)이다: 《本草綱目》 卷16 〈草部〉 "車前", 1069쪽에 보인다.

3 《本草綱目》, 위와 같은 곳.

질경이(임원경제연구소, 서울식물원에서 촬영)

질경이(정성섭·김복남)

질경이씨앗

질경이

도경본초[4] 초봄에 싹이 나며, 잎은 숟가락모양처럼 땅에 퍼진다. 몇 해 동안 길이가 1척 남짓 자란다. 한가운데에서 올라온 몇 개의 줄기에 쥐꼬리처럼 생긴 기다란 이삭이 달린다. 꽃은 매우 잘고 배게 피며, 청색에 적색을 약간 띤다. 다닥냉이[葶藶, 정력]처럼 씨앗을 맺고, 씨앗이 적흑색이다】

圖經本草 春初生苗, 葉布地如匙面. 累年者長及尺餘. 中抽數莖, 作長穗如鼠尾. 花甚細密, 青色微赤. 結實如葶藶, 赤黑色】

4 《圖經本草》卷4〈草部〉上品 "車前子"(《本草圖經》, 107쪽).

무성히 자란 질경이(임원경제연구소, 경주시 손곡동에서 촬영)

씨맺은 질경이(정성섭·김복남)

2) 심기와 가꾸기

씨앗을 봄철에 심을 때는 채소 심는 법과 같이 한다. 똥거름을 주고 물을 준다. 이 식물은 묵은 뿌리가 있어서 잎을 잘라도 두루 다시 자란다. 단지 김매 주기만 하면, 여러 해 동안 재배할 수 있다. 《산거록》[5]

種藝

取子春間種, 如生菜法. 上糞下水. 此物宿根, 翦徧還生. 但須鋤耘, 可經數歲.《山居錄》

관휴지 권제4 끝

灌畦志卷第四

5 출전 확인 안 됨;《居家必用》戊集〈種菜類〉"種藥類" '種車前法'(《居家必用事類全集》, 180쪽).

《관휴지》 참고문헌 서목

관휴지 원전

《林園經濟志 灌畦志》, 徐有榘(고려대학교 한적실 대학원 E1 A34 8~9)

《林園經濟志 灌畦志》, 徐有榘(서울대규장각한국학연구원 奎6565-v.7)

《林園經濟志 灌畦志》, 徐有榘(오사카 나카노시마부립도서관본 韓9-64)

《林園經濟志 灌畦志》, 徐有榘(국립중앙도서관본 古915-2)

경서류

《毛詩正義》, 毛享 傳, 鄭玄 箋, 孔穎達 疏 (《十三經注疏整理本》 4-6, 北京大學出版社, 2000)

《周禮注疏》, 鄭玄 注, 賈公彦 疏 (《十三經注疏整理本》 7-9, 北京大學出版社, 2000)

《爾雅注疏》, 郭璞 注, 邢昺 疏 (《十三經注疏整理本》 24, 北京大學出版社, 2000)

사서류

《漢書》, 班固 撰, 許嘉璐 主編 (二十四史全譯, 漢語大詞典出版社, 2004)

《春秋左傳正義》, 杜预 注, 孔穎達 疏 (《十三經注疏整理本》 17, 北京大學出版社, 2000)

제자류

《莊子集釋》 郭慶藩 撰, 王孝魚 點校 (中華書局, 1961)

자전과 운서류

《說文解字》, 許愼 撰 (《文淵閣四庫全書》 223, 臺灣商務印書館, 1983)

《爾雅翼》, 羅願 撰(《文淵閣四庫全書》 222, 臺灣商務印書館, 1983)

《埤雅》, 陸佃 撰(《文淵閣四庫全書》 222,商務印書館, 1983)

《說文解字注》, 許愼 撰, 段玉裁 注(上海古籍出版社, 1988)

《重修玉篇》, 重修玉 篇 (《文淵閣四庫全書》 224, 臺灣商務印書館, 1983)

문집류

《劉賓客嘉話錄》, 韋絢 撰(《叢書集成初編》 2830, 商務印書館, 1936)

유서류

《林園經濟志 晩學志》, 徐有榘 著(오사카본·고대본·규장각본)

그 외 원전

《齊民要術校釋》, 賈思勰 原著, 繆啓愉 校釋(中國農業出版社, 1998)

《杏蒲志》, 徐有榘 著(《農書》 36, 亞細亞文化社, 1986)

《居家必用事類全集》, 작자미상 (《續修四庫全書》 1184, 上海古籍出版社, 1995)

《王禎農書》, 王禎 (農業出版社, 1981)

《農政全書校注》, 徐光啓 著 (上海古籍出版社, 1979)

《農桑輯要校注》, 石聲漢 校注(中華書局, 2014)

《山林經濟》, 洪萬選 (《農書》 2, 아세아문화사, 1981)

《山林經濟》, 洪萬選 (한국고전번역원 한국고전종합DB)

《增補山林經濟》, 柳重臨 (《農書》 4-5, 아세아문화사, 1981)

《御定佩文廣羣芳譜》, 汪灝 等 (《文淵閣四庫全書》 845, 臺灣商務印書館, 1983)

《金華耕讀記》, 徐有榘 (東京都立日比谷圖書館, 1959)

《菁川養花小錄》, 姜希顔 (고려대 해외한국학자료센터DB)

《本草綱目》, 李時珍 著, 劉衡如 校 (人民衛生出版社, 1982)

《說郛》, 陶宗儀 撰 (《文淵閣四庫全書》 881, 商務印書館, 1983)

《東醫寶鑑》, 許浚 (《原本東醫寶鑑》, 南山堂, 2009)
《臞仙神隱書》, 朱權 (《四庫全書存目叢書》 260, 齊魯書社, 1996)
《酉陽雜俎》, 段成式 撰 (《叢書集成初編》 276, 商務印書館, 1936)
《二如亭群芳譜》, 王象晉(《四庫全書存目叢書》, 齊魯書社出版, 1995)
《和漢三才圖會》, 寺島良安 撰(《倭漢三才圖會》, 국학자료원, 2002)
《欽定授時通考》, 鄂爾泰 等撰(《文淵閣四庫全書》 732, 臺灣商務印書館, 1983)
《本草圖經》,蘇頌 編撰(安徽科學技術出版社, 1994)
《穡經》, 朴世堂 (《農書》 4-5, 아세아문화사, 1981)
《種樹書》, 郭橐駝 撰(《叢書集成初編》 1469, 商務印書館, 1936)
《閑情錄》, 許筠(《農書》 1, 아세아문화사, 1981)
《荊楚歲時記》, 宋凜 著 (《文淵閣四庫全書》 589, 臺灣商務印書館, 1983)
《重訂增補陶朱公致富奇書》, 陳繼儒(국립중앙도서관온라인서비스원문보기)
《千金翼方》, 孫思邈 著(《孫思邈醫學全書》, 中國中醫藥出版社, 2015)
《本草經集注》(ctext.org)
《遵生八牋校注》, 高濂 撰, 趙立勛 等 校注 (人民衛生出版社, 1994)
《洛下生集》, 李學逵 著(《韓國文集叢刊》 290)
《六書本義》, 趙撝謙 撰 (《文淵閣四庫全書》 228, 臺灣商務印書館, 1983)
《博物志》, 張華 撰(《叢書集成初編》 1342, 商務印書館, 1936)
《太上洞玄靈寶五符序》, 편자 미상(《中華道藏》 4, 華夏出版社, 2004)
《本草衍義》, 寇宗奭 撰(人民衛生出版社, 1990)
《新修本草》, 蘇敬 撰(安徽科學技術出版社, 2004)
《證類本草》, 唐愼微 撰(《文淵閣四庫全書》 740, 臺灣商務印書館, 1983)
《御定月令輯要》, 李光地 等 撰 (《文淵閣四庫全書》 467, 臺灣商務印書館, 1983)
《農桑衣食撮要》, 魯明善 撰(《文淵閣四庫全書》 730, 臺灣商務印書館, 1983)
《名醫別錄》, 陶弘景 著 (人民衛生出版社, 1986)
《學圃雜疏》, 王世懋 撰(《叢書集成初編》 1355, 商務印書館, 1936)
《便民圖纂》, 鄺璠 撰, 石聲漢·康成懿 校注(農業出版社, 1959)

《西京雜記》, 葛洪 撰(《文淵閣四庫全書》 1035, 臺灣商務印書館, 1983)
《金光明最勝王經》, 曇無讖 譯(趙城金藏本, ctext.org)
《急就篇》, 史游 撰(《文淵閣四庫全書》 223, 臺灣商務印書館, 1983)
《湘山野錄》, 文瑩 撰(《文淵閣四庫全書》 1037, 臺灣商務印書館, 1983)
《鄴中記》, 陸翽 撰(《文淵閣四庫全書》 463, 臺灣商務印書館, 1983)
《顔氏家訓》, 顔之推 撰(《文淵閣四庫全書》 848, 臺灣商務印書館, 1983)
《海東農書》, 徐浩修 撰(《農書》 10, 아세아문화사, 1981)
《大東輿地圖》, 金正浩 撰(규장각 한국학연구원)
《大東輿地圖》, 金正浩 撰(조선일보사, 2004)
《救荒本草》,朱橚 撰(《文淵閣四庫全書》 730, 商務印書館, 1983)
《本草蒙筌》(북경대학도서관본, 77쪽)
《筍譜》, 贊寧 撰(《文淵閣四庫全書》 845, 商務印書館, 1983)
《攷事新書》, 魚叔權 撰(《農書》 5, 아세아문화사, 1981)
《芝峯類說》, 李睟光 撰(한국고전종합DB)
《月沙先生別集》, 李廷龜 撰(한국고전종합DB)
《食療本草》, 孟詵·張鼎 撰(人民衛生出版社, 1986)

사전과 도감류

번역서

《국역 산림경제》 1, 홍만선 지음, 장재한·김주희 옮김(민족문화추진회, 1982).
《농상집요 역주》, 석성한 교주, 최덕경 역주(세창출판사, 2012).
《농정서》, 저자 미상, 노재준·윤태순·홍기용 옮김(농촌진흥청, 2002).
《사시찬요 역주》, 한악 지음, 최덕경 역주(세창출판사, 2017).
《색경》, 박세당 지음, 노재준·윤태순·홍기용 옮김(농촌진흥청, 2001).
《임원경제지 본리지(林園經濟志 本利志)》 1~3, 서유구 지음, 정명현·김정기 역주(소와당, 2008)

《임원경제지 예원지(林園經濟志 藝畹志)》, 서유구 지음, 임원경제연구소 옮김(풍석문화재단, 2022)
《임원경제지 정조지》 1, 서유구 지음, 임원경제연구소 옮김(풍석문화재단, 2020).
《자산어보: 우리나라 최초의 해양생물 백과사전》, 정약전·이청 지음, 정명현 옮김(서해문집, 2016)
《제민요술 역주》 Ⅰ~Ⅴ, 가사협 지음, 최덕경 역주(세창출판사, 2018).
《증보산림경제》 Ⅰ~Ⅲ, 유중림 지음, 노재준·윤태순·홍기용 옮김(농촌진흥청, 2003).

《養花小錄》, 姜希顔 지음, 서윤희·이경록 옮김(눌와, 1999)
《완역 정본 북학의》, 박제가 지음, 안대회 교감 역주(돌베개, 2013)

연구논저

《고추이야기》, 권대영·정경란·양혜정·장대자 지음(효일, 2010)
《호박–농업기술길잡이》 141(개정판)(농촌진흥청, 2018).

논문류

박필상·강옥화·이고훈·박신영·성만준·권동렬, 《避諱에 관한 연구》(대한한의학 방제학회지, 2007).
이태진, 〈휴전고(畦田考)〉, 《한국사회사연구》(지식산업사, 1986, 2008년 증보).
廉定燮, 18세기 家蔘재배법의 개발과 보급(국사편찬위원회 2003).

색인

주요용어

인명

지명

서명

ㄱ

ㄴ

ㄷ

ㅁ

ㅂ

물명

ㄴ

ㄹ

ㅁ

ㅂ

ㅈ

임원경제연구소

임원경제연구소는 고전 연구와 번역, 출판을 주요 목적으로 하는 사단법인이다. 문사철수(文史哲數)와 의농공상(醫農工商) 등 다양한 전공 분야의 소장학자 40여 명이 회원 및 번역자로 참여하여, 풍석 서유구의《임원경제지》를 완역하고 있다. 또한 번역 사업을 진행하면서 축적한 노하우와 번역 결과물을 대중과 공유하기 위해 관련 전문가 및 단체들과 교류하고 있다. 연구소에서는 번역 과정과 결과를 통하여 '임원경제학'을 정립하고 우리 문명의 수준을 제고하여 우리 학문과 우리의 삶을 소통시키고자 노력한다. 임원경제학은 시골살림의 규모와 운영에 관한 모든 것의 학문이며, 경국제세(經國濟世)의 실천적 방책이다.

번역, 교열, 교감, 표점, 감수자 소개

번역

이규필(李奎泌)

경북 예천에서 태어났다. 한국고전번역원과 성균관대학교 대동문화연구원을 거쳐 현재 경북대학교 한문학과에서 교육과 연구에 종사하고 있다. 저서로《논어 속의 사람들, 사람들 속의 논어》, 번역서로《국역 무명자집》,《국역 묵자간고》,《국역 인평대군연행일기》 등이 있다.

정명현(鄭明炫)

광주광역시 출신. 고려대 유전공학과를 졸업하고, 도올서원과 한림대 태동고전연구소에서 한학을 공부했다. 서울대 대학원 '과학사 및 과학철학 협동과정'에서 전통 과학기술사를 전공하여 석사와 박사를 마쳤다. 석사와 박사

논문은 각각 〈정약전의 《자산어보》에 담긴 해양박물학의 성격〉과 《서유구의 선진농법 제도화를 통한 국부창출론》이다. 《임원경제지》 중 《본리지》·《섬용지》·《유예지》·《상택지》·《예규지》·《이운지》·《정조지》·《보양지》·《향례지》·《전어지》·《전공지》·《예원지》를 공역했다. 또 다른 역주서로 《자산어보 : 우리나라 최초의 해양생물 백과사전》이 있고, 《임원경제지 : 조선 최대의 실용백과사전》을 민철기 등과 옮기고 썼다. 현재 임원경제연구소 소장으로, 《임원경제지》 번역 사업에 참여하고 있다.

최시남(崔時南)
강원도 횡성 출신. 성균관대학교 유학과(儒學科) 학사 및 석사를 마쳤으며 동 대학원 박사과정을 수료했다. 성균관(成均館) 한림원(翰林院)과 도올서원(檮杌書院)에서 한학을 공부했고 호서대학교에서 강의를 했다. IT회사에서 조선시대 왕실 자료와 문집·지리지 등의 고문헌 디지털화 작업을 했다. 현재 임원경제연구소 팀장으로 근무하며 《섬용지》·《유예지》·《상택지》·《예규지》·《이운지》·《정조지》·《향례지》·《전공지》를 공역했고, 《보양지》·《전어지》·《예원지》를 교감·교열했다.

서문

도올 김용옥(金容沃)
우리시대의 사유의 지표를 만들어가고 있는 사상가이다. 고려대학교 생물과, 철학과, 한국신학대학 신학과에서 수학하고 원광대학교 한의과대학, 대만대학, 동경대학, 하바드대학에서 소정의 학위를 획득했다. 고려대학교, 중앙대학교, 한국예술종합학교, 연변대학, 사천사범대학 등 한국과 중국의 수많은 대학에서 제자를 길렀다. 《동양학 어떻게 할 것인가》 등 90여 권에 이르는 다양한 주제의 저술을 통해 끊임없이 민중과 소통하여 왔으며, EBS 56회 밀레니엄특강 《노자와 21세기》를 통해 고전의 세계가 민중의 의식 속으로 전파되는 새로운 문화의 혁명적 장을 열었다. 최근에는 우리나라 KBS1 TV프로그램 《도올아인 오방간다》(2019, KBS1 TV), 여수MBC 3부작 《도올 말하다! 여

순민중항쟁》(2018. 10)을 통하여 우리 현대사 100년의 의미를 국민에게 전했으며, 여순사건특별법이 제정되는 계기를 만들었다. 그가 직접 연출한 《도올이 본 한국독립운동사 10부작》(2005, EBS)은 동학으로부터 해방에 이르는 다난한 민족사를 철학자의 시각에서 영상으로 표현한 20세기 한국역사의 대표적인 걸작으로 꼽히며, 향후의 모든 근대사 탐구의 기준을 제시했다. 역사에 대한 탐색은 여기에 그치지 않고, 국학(國學)의 정립을 위하여 《삼국유사》·《일본서기》·《고려사》·《조선왕조실록》의 역사문헌과 유적의 연구에 정진하며, 고대와 근세 한국사에 대한 인식을 새롭게 하고 있다. 최근에는 광주MBC에서 마한문명을 고조선의 중심으로 파악하는 파격적인 학설을 주장하여 사계 학자들의 관심을 집중시켰다. 도올 김용옥 선생은 역사와 문학과 철학, 문화인류학, 고고학, 그리고 치열한 고등문헌학을 총체적으로 융합시킬 수 있는 당대의 거의 유일한 학자로서 후학들의 역사이해를 풍요롭게 만들어가고 있다. 최근 50년 학문 역정을 결집시킨 《노자도덕경》 주석서, 《노자가 옳았다》는 인류문명 패러다임의 전환에 대한 새로운 시각을 제시하였으며, 그 사상의 실천으로서 농산어촌개벽대행진을 감행하며 8개 도 19 시군에서 민중의 소리를 듣는 민회를 열었다. 동학의 성경을 온전히 주석한 《동경대전》1·2권과 《용담유사-수운이 지은 하느님 노래》는 《임원경제지》 국역작업과 함께, 국학의 역사를 새로 써나가고 있다.

교열, 교감, 표점

김용미(金容美)

전라북도 순창 출신. 동국대 철학과를 졸업하고, 고전번역원 국역연수원과 일반연구과정에서 한문 번역을 공부했다. 고전번역원에서 추진하는 고전전산화 사업에 교정교열위원으로 참여했고, 《정원고사(政院故事)》 공동번역에 참여했다. 전통문화연구회에서 추진하고 있는 《모시정의(毛詩正義)》 공동번역에 참여했다. 현재 임원경제연구소 연구원으로 근무하며, 《유예지》·《이운지》·《정조지》·《예원지》를 공역했고, 《보양지》·《향례지》·《전어지》·《전공지》를 교감·교열했다.

민철기(閔喆基)

서울 출신. 연세대 철학과를 졸업하고 도올서원에서 한학을 공부했다. 연세대 대학원 철학과에서 학위논문으로 《세친(世親)의 훈습개념 연구》를 써서 석사과정을 마쳤다. 임원경제연구소 번역팀장과 공동소장을 역임했고, 현재는 선임연구원으로 재직하며 《섬용지》를 교감 및 표점했고, 《유예지》·《상택지》·《예규지》·《이운지》·《정조지》·《전어지》를 공역했으며, 《보양지》·《향례지》·《전공지》·《예원지》를 교감·교열했다.

김광명(金光明)

전라북도 정읍 출신. 전주대학교 한문교육학과를 졸업하고 한국고전번역원에서 한학을 공부했으며, 성균관대 대학원 고전번역협동과정에서 석박사통합과정을 수료했다. 현재 임원경제연구소 연구원으로 근무하며, 《유예지》·《상택지》·《예규지》·《이운지》·《정조지》·《향례지》를 공역했고, 《보양지》·《전공지》·《예원지》를 교감·교열했다.

김현진(金賢珍)

경기도 평택 출신. 공주대 한문교육과를 졸업하고 한림대 태동고전연구소와 한국고전번역원에서 한학을 공부하고 성균관대학교 대학원 한문학과에서 석사과정을 수료했다. 현재 임원경제연구소 연구원으로 근무하며 《섬용지》를 교열했고, 《유예지》·《상택지》·《예규지》·《이운지》·《정조지》·《전어지》를 공역했으며, 《보양지》·《향례지》·《전공지》·《예원지》를 교감·교열했다.

풍석문화재단

(재)풍석문화재단은 《임원경제지》 등 풍석 서유구 선생의 저술을 번역 출판하는 것을 토대로 전통문화 콘텐츠의 복원 및 창조적 현대화를 통해 한국의 학술 및 문화 발전에 기여함을 목적으로 설립되었다.
재단은 ①《임원경제지》의 완역 지원 및 간행, ②《풍석고협집》, 《금화지비집》, 《금화경독기》, 《번계시고》, 《완영일록》, 《화영일록》 등 선생의 기타 저술의 번역 및 간행, ③풍석학술대회 개최, ④《임원경제지》 기반 대중문화 콘텐츠 공모전, ⑤풍석디지털자료관 운영, ⑥《임원경제지》 등 고조리서 기반 전통음식문화의 복원 및 현대화 사업 등을 진행 중이다.
재단은 향후 풍석 서유구 선생의 생애와 사상을 널리 알리기 위한 출판·드라마·웹툰·영화 등 다양한 문화 콘텐츠 개발 사업, 《임원경제지》 기반 전통문화 콘텐츠의 전시 및 체험교육 등을 목적으로 하는 서유구 기념관 건립 등을 추진 중이다.

풍석문화재단 웹사이트 및 주요 연락처

웹사이트

풍석문화재단 홈페이지 : www.pungseok.net
출판브랜드 자연경실 블로그 : https://blog.naver.com/pungseok
풍석디지털자료관 : www.pungseok.com
풍석문화재단 음식연구소 홈페이지 : www.chosunchef.com

주요 연락처

풍석문화재단 사무국
주 소 : 서울 서초구 방배로19길 18, 남강빌딩 301호
연락처 : 전화 02)6959-9921 팩스 070-7500-2050 이메일 pungseok@naver.com

풍석문화재단 전북지부

연락처 : 전화 063)290-1807 팩스 063)290-1808 이메일 pungseokjb@naver.com

풍석문화재단우석대학교 음식연구소

주 소 : 전북 전주시 완산구 향교길 104

연락처 : 전화 063-291-2583 이메일 zunpung@naver.com

조선셰프 서유구(음식연구소 부설 쿠킹클래스)

주 소 : 전북 전주시 완산구 향교길 104

연락처 : 전화 063-291-2583 이메일 zunpung@naver.com

서유구의 서재 자이열재(풍석 서유구 홍보관)

주 소 : 전북 전주시 완산구 향교길 104

연락처 : 전화 063-291-2583 이메일 pungseok@naver.com

풍석학술진흥연구조성위원회

(재)풍석문화재단은 《임원경제지》의 완역완간 사업 등의 추진을 총괄하고 예산 집행의 투명성을 기하기 위해 풍석학술진흥연구조성위원회를 두고 있습니다. 풍석학술진흥연구조성위원회는 사업 및 예산계획의 수립 및 연도별 관리, 지출 관리, 사업 수익 관리 등을 담당하며 위원은 아래와 같습니다.

위원장 : 신정수(풍석문화재단 이사장)

위 원 : 서정문(한국고전번역원 고전번역연구소장), 진병춘(풍석문화재단 사무총장)
안대회(성균관대학교 한문학과 교수), 유대기(공생사회적협동조합 이사장)
정명현(임원경제연구소장)

풍석문화재단 사람들

이사장	신정수 ((前) 주택에너지진단사협회 이사장)
이사진	김윤태 (우석대학교 평생교육원장) 김형호 (한라대학교 이사) 모철민 ((前) 주 프랑스대사) 박현출 ((前) 서울시농수산식품공사 사장) 백노현 (우일계전공업그룹 회장) 서창석 (대구서씨대종회 총무이사) 서창훈 (우석재단 이사장 겸 전북일보 회장) 안대회 (성균관대학교 한문학과 교수) 유대기 (공생사회적협동조합 이사장) 이영진 (AMSI Asia 대표) 정명현 (임원경제연구소 소장) 진병춘 (상임이사, 풍석문화재단 사무총장) 채정석 (법무법인 웅빈 대표) 홍윤오 ((前) 국회사무처 홍보기획관)
감사	홍기택 (대일합동회계사무소 대표)
음식연구소장	곽미경 (《조선셰프 서유구》 저자)
재단 전북지부장	서창훈 (우석재단 이사장 겸 전북일보 회장)
사무국	박시현, 박소해
고문단	이억순 (상임고문) 고행일 (인제학원 이사) 김영일 (한국AB.C.협회 고문) 김유혁 (단국대 종신명예교수) 문병호 (사랑의 일기재단 이사장) 신경식 (헌정회 회장) 신중식 ((前) 국정홍보처 처장) 신현덕 ((前) 경인방송 사장) 오택섭 ((前) 언론학회 회장) 이영일 (한중 정치외교포럼 회장) 이석배 (공학박사, 퀀텀연구소 소장) 이수재 ((前) 중앙일보 관리국장) 이준석 (원광대학교 한국어문화학과 교수) 이형균 (한국기자협회 고문) 조창현 ((前) 중앙인사위원회 위원장) 한남규 ((前) 중앙일보 부사장)

《임원경제지·관휴지》 완역 출판을 후원해 주신 분들

㈜DYB교육 ㈜우리문화 ㈜래오이경제 ㈜도원건강 Artic(아틱) ㈜벽제외식산업개발
㈔인문학문화포럼 ㈜오가닉시 ㈜우일계전공업 ㈜청운산업 ㈜토마스건축사무소
굿데이영농조합법인 눈비산마을 대구서씨대종회 문화유산국민신탁 엠엑스(MX)이엔지
옹기뜸골 홍주발효식품 푸디스트주식회사 한국에너지재단 강성복 강윤화 강흡모 계경숙
고경숙 고관순 고옥희 고유돈 고윤주 고혜선 공소연 곽미경 곽유경 곽의종 곽정식
곽중섭 곽희경 구도은 구자민 권경숙 권다울 권미연 권소담 권순용 권정순 권희재
김경용 김근희 김남주 김남희 김대중 김덕수 김덕숙 김도연 김동관 김동범 김동섭
김두섭 김문경 김문자 김미숙 김미정 김병돈 김병호 김복남 김상철 김석기 김선유
김성건 김성규 김성자 김 솔 김수경 김수향 김순연 김영환 김용대 김용도 김유숙
김유혁 김은영 김은형 김은희 김익래 김인혜 김일웅 김재광 김정기 김정숙 김정연
김종덕 김종보 김종호 김지연 김지형 김창욱 김태빈 김현수 김혜례 김홍희 김후경
김 훈 김흥룡 김희정 나윤호 노창은 류충수 류현석 문석윤 문성희 민승현 박낙규
박동식 박록담 박미현 박민숙 박민진 박보영 박상용 박상일 박상준 박석무 박선희
박성희 박수금 박시자 박영재 박용옥 박용희 박재정 박종규 박종수 박지은 박찬교
박춘일 박해숙 박현영 박현자 박현출 박혜옥 박효원 배경옥 백노현 백은영 변흥섭
서국모 서봉석 서영석 서정표 서창석 서청원 석은진 선미순 성치원 손민정 손현숙
송상용 송원호 송은정 송형록 신나경 신동규 신미숙 신영수 신응수 신종출 신태복
안순철 안영준 안철환 양덕기 양성용 양인자 양태건 양휘웅 염정삼 오미환 오민하
오성열 오영록 오영복 오은미 오인섭 오항녕 용남곤 우창수 유미영 유영준 유종숙
유지원 윤남철 윤명숙 윤석진 윤신숙 윤영실 윤은경 윤정호 이건호 이경근 이경제
이경화 이관옥 이광근 이국희 이근영 이기웅 이기희 이남숙 이동규 이동호 이득수
이명정 이범주 이봉규 이상근 이선이 이성옥 이세훈 이순례 이순영 이승무 이영진
이우성 이원종 이윤실 이윤재 이인재 이재민 이재용 이정란 이정언 이종기 이주희
이진영 이진희 이천근 이 철 이태영 이태인 이태희 이현식 이현일 이형배 이형운
이혜란 이효지 이희원 임각수 임상채 임승윤 임윤희 임재춘 임종태 임종훈 자원스님
장상무 장영희 장우석 장은희 전명배 전영창 전종욱 전치형 전푸르나 정갑환 정경숙
정 극 정금자 정명섭 정명숙 정상현 정성섭 정소성 정여울 정연순 정연재 정영미
정영숙 정외숙 정용수 정우일 정정희 정종모 정지섭 정진성 정창섭 정태경 정태윤
정혜경 정혜진 조규식 조문경 조민제 조성연 조숙희 조은미 조은필 조재현 조주연

조창록 조헌철 조희부 주석원 주호스님 지현숙 진묘스님 진병춘 진선미 진성환 진인옥
진중현 차영익 차재숙 차홍복 채성희 천재박 최경수 최경식 최광현 최미옥 최미화
최범채 최상욱 최성희 최승복 최연우 최영자 최용범 최윤경 최정숙 최정원 최정희
최진욱 최필수 최희령 탁준영 태경스님 태의경 하영휘 하재숙 한승문 함은화 허문경
허영일 허 탁 현승용 홍미숙 홍수표 황경미 황재운 황재호 황정주 황창연
그 외 이름을 밝히지 않은 후원자분